世界の民家園

移築保存型野外博物館のデザイン

岸本章

写真：岸本章

鹿島出版会

002

写真左上
みちのく民俗村
日本（p.200）

写真左下
エンクハイゼン・ゾイデルゼー
博物館
オランダ（p.152）

写真右
スカンセン
スウェーデン（p.46）

フィールドワークを基礎にした着実な民家園研究
杉本 尚次

　民家園はスウェーデンのストックホルムに1891年に開館したスカンセンにはじまり、北欧諸国から主として木の文化圏ともいえるアルプス以北のヨーロッパ各国やロシア地域にひろがり、ヨーロッパからの移民による文化的接触を契機に北米へ伝播した。第2次大戦後はアジア、オセアニア、アフリカに波及してきた。

　本書でとりあげている民家園は広義の野外博物館のうち人文系野外博物館をさす。民家園とは、主として民家などの伝統的建築物や生活用具類などを収集し、野外の環境に移築し展示した施設といえる。

　民家園の民家は展示品（標本）だから、民家は生まれた土地、環境で保存してこそ価値があるとする考えがある。しかし失われゆく伝統文化が激増している現状では、保存や活用の手段としては、収集・移築・復元型の民家園が重要である。社会教育、生涯教育の場として、あるいは観光資源として、その時代や地域の生活や建築技術など伝統文化を体験できるし、系統的に比較することもできる。本書でも種々の民家園の写真や解説が展開されるが、多くの民家園ではできる限り生活を再現する努力が続けられている。民家園をアメリカ合衆国ではリビングミュージアム、つまり生きている生活のある博物館とよんでいる所がある。環境と一体となって共生する姿とみることができるし、持続可能性を伝えるものになっている事例もある。

　著者・岸本章氏は、2005年度日本民俗建築学会のシンポジウム「民家園を考える」の実行委員長として活躍し、フィールドからもしばしば美しい民家園の写真と情報を提供された。本書は民家園巡礼ともいえる民家園研究の集大成の一つである。とりわけ情報の少なかった東欧やロシア各地の報告は貴重だ。例えばポーランド、ウクライナ、スロヴァキア、ハンガリーとルーマニア北部一帯はヨーロッパでも木造民家や木造教会が多く残っていて民家園ごとに少しずつ違うデザインで来訪者の目を楽しませてくれる。さらに筆者の視線はヨーロッパ各国から北米をはじめ日本をふくむアジア諸国の民家園にも及んでいる。まさに世界の民家園巡礼である。著者の精緻で精力的なフィールドワークには、生きている民家探求への情熱が迸っているのを感じる。

　民家園の特色は野外の環境に民家などを単に陳列するのではなく、歴史のある、生活のある民家園

（生きている庶民の生活文化）である。ランドスケープの特色としては、すばらしい自然環境にとけこんだパークミュージアム的な性格がある。民家園は民家や生活用具類などとそれを包みこむ環境が一体となって伝統的な生活文化を再現する、甦らせるのだから、本書の一大特色であるランドスケープデザインが重要になってくる。

本書には民家園巡礼へ読者を誘う前に、総論ともいえる民家園に関する重要な16項目が配置してあるので、問題点を把握するのに行き届いた配慮を感じる。民家園の概念、歴史にはじまって、環境デザイン、企画と敷地選定、配置計画、環境の表現、保存対象時代や保存対象分野の拡大、サービスのデザインからコスチュームスタッフを含むリアリティ、教育施設としての民家園、楽しめる民家園、民家園の展望など、ランドスケープデザインを基調とした民家園に関する適切な指摘は画期的といえよう。

ヨーロッパ野外博物館協会（1972年結成）では、1980年代に入って「民家園を活気づける」ことが重要課題になっている。わが国でも民家園による「全国文化財集落施設協議会」をつくり、相互交流がはじまったが、やはり活性化をめぐっては保存と観光のはざまで種々の悩みを抱えている。本書でも指摘されているが、民家園に楽しむ要素は必要だが、テーマパークと混同してはならない。民家園は文化的な学術施設であるし、伝統文化を甦らせる装置でもあるから歴史的観点を忘れてはならない。私が欧米の民家園を訪れたのは、1970年〜1990年代だから、本書には拡張したり、内容を充実した新しい方向をめざす事例も報告されている。民家園は活動を忘れば「デッドミュージアム」になってしまう。常に新しい時代へ向けての方向づけが必要だろう。

本書を通覧すると、数々の民家園の写真のすばらしさ、カメラアングルのセンスの良さをもさることながら解説文を読むと世界の民家園を巡礼する持続力とあふれる探究心、クールな科学的まなざしと共に温かいまなざしを感じることができる。これは着実なフィールドワーク（現地調査）を基礎にしているからであろう。

ランドスケープデザインを主軸とした民家園研究は学術的にも注目すべき成果といえよう。また近年注目されている地域おこし、町おこしなどに示唆するところも多いと思われる。

すぎもと ひさつぐ
国立民族学博物館名誉教授
総合研究大学院大学名誉教授
日本民俗建築学会会長

目次

前文： 杉本尚次 ……… 4

01： 民家園とは ……… 10
02： 民家園の歴史 ……… 12
03： 環境デザインとして ……… 14
04： 企画と敷地選定 ……… 16
05： 配置計画 ……… 18
06： 環境の表現 ……… 20
07： 保存対象時代の拡大 ……… 24
08： 保存対象分野の拡大 ……… 26
09： 景観構成の細部 ……… 28
10： サービスのデザイン ……… 30
11： インフラストラクチャーのデザイン ……… 32
12： リアリティ ……… 34
13： 飲食施設 ……… 36
14： 教育施設としての民家園 ……… 38
15： 楽しめる民家園 ……… 40
16： 民家園の展望 ……… 42

世界の民家園 ……… 44

参考資料

年表 ……… 202
世界の民家園比較グラフ ……… 204

あとがき ……… 207

掲載民家園リスト

国名	名称	ページ
スウェーデン	スカンセン	046
	レークサンド・ヘンビグスゴーダル	048
	クルトゥーレン	050
ノルウェー	マイハウゲン	052
	ノルウェー民俗博物館	054
	トロンデラーグ民俗博物館	056
	ヘドマルク博物館	058
	ガムレ・ベルゲン	059
デンマーク	フリランスムセー	060
	デン・フュンスケ・ランズビィ	062
	デン・ガムレ・ビイ	064
フィンランド	セウラサーリ野外博物館	066
エストニア	エストニア野外博物館	068
ラトヴィア	ラトヴィア野外民族博物館	070
リトアニア	リトアニア民俗生活博物館	072
ロシア	キジ歴史建築民族博物館	074
	ヴィタスラヴエイツィ木造建築博物館	076
	スーズダリ木造建築・農村生活博物館	078
	コローメンスコエ	080
	建築民族博物館タリツィ	081
ウクライナ	キエフ民俗建築と生活の博物館	082
	リビウ民俗建築と生活の博物館	084
グルジア	ジョルジ・チタイア野外民族博物館	086
ルーマニア	アストラ伝統民俗文化博物館	088
	村落博物館	090
	シゲットマルマツィエイ・マラムレシュ博物館	092
	バイア・マーレ民族と民俗芸術の博物館	093
ブルガリア	エタル民族建築公園	094
ポーランド	サノク民俗建築博物館	096
	ホジュフ・ゴルノシュロンスキ民族公園	098
	ルブリン野外博物館	100
	ノヴィソンチ・ソンデスキ民族公園	102
	リボビエッツ城ヴィスワ民族公園	103
	オフラ・ジエロナグーラ民俗博物館	104
	ズュブルツァゴルナ・オラヴァ民族公園	105
スロヴァキア	マルティン・スロヴァキア村博物館	106
	オラヴァ村博物館	108
	プリビリナ・リプトフ村博物館	110
	ルボヴナ野外民族博物館	111
	バルデヨフ民俗建築博物館	112
	スヴィドニク・ウクライナルシン文化博物館	113
チェコ	プジェロフ・ナド・ラベム・エルベ民族博物館	114
	ロジノフ・ポド・ラドホシテム・ヴァラキア野外博物館	116
ハンガリー	スカンセン・センテンドレ野外博物館	118
ドイツ	デトモルト野外博物館	120
	ヘッセンパーク野外博物館	122
	シュレスヴィヒホルシュタイン野外博物館	124
	バエリッシャー・ヴァルト博物館村	126
	コメルン・ライン野外博物館	128
	シュペッケンビュッテル野外民俗博物館	130
	ミュンスター・ミューレンホフ野外博物館	131
	フォグツバウエンホフ・シュヴァルツヴァルト野外博物館	132
	クロッペンブルグ博物館村	133
オーストリア	グロースグマイン・ザルツブルグ野外博物館	134
	チロル農村博物館	136
	ステュービング・オーストリア野外博物館	138
スイス	バレンベルグ野外博物館	140
フランス	アルザス・エコミュゼー	142
	グランドランド・エコミュゼー・マルケーズ	144
ベルギー	ボックレイク野外博物館	146
	ワロン農村生活博物館	148
オランダ	オランダ野外博物館	150
	エンクハイゼン・ゾイデルゼー博物館	152
	ザーンセ・スカンス	154
スロヴェニア	ロガテク野外博物館	156
クロアチア	クムロベツ・スタロ・セロ博物館	158
セルビア	スタロ・セロ・シロゴイノ野外博物館	160
イギリス	セントファーガンス：国立歴史博物館	162
	ウィールド・アンド・ダウンランド野外博物館	164
	エイボンクロフト歴史建築博物館	166
	チルターン野外博物館	167
アイルランド	バンラティ城民俗公園	168
アメリカ合衆国	オールド・スターブリッジ・ビレッジ	170
	グリーンフィールド・ビレッジ	172
	プリマス・プランテーション	174
カナダ	アッパー・カナダ・ビレッジ	176
	ブラッククリーク・パイオニア・ビレッジ	178
タイ	ムアン・ボラン	180
インドネシア	シマニンド・フタ・ボロン博物館	182
	プマタン・プルバ	184
ヴェトナム	ヴェトナム民族学博物館	186
中華人民共和国	中華民族園	188
台湾	台湾原住民族文化園区	190
	台湾民俗村	192
大韓民国	韓国民俗村	194
	南山韓屋村	196
	済州民俗村博物館	197
日本	川崎市立日本民家園	198
	みちのく民俗村	200

写真
スタロ・セロ・シロゴイノ野外博物館
セルビア(p.160)

世界の民家園

移築保存型野外博物館のデザイン

01：民家園とは

本書のタイトルにある民家園という名称は1967年に開園した川崎市立日本民家園によって初めて使われた造語である。

ここで扱うのは野外博物館と呼ばれるもののうち、人文系野外博物館であり、さらにその中で、民家を中心に収集し移築保存する博物館に限定する。民家園という名称はその内容を最もよく表していると考える。

実際に人々が生活している旧市街をまるごと保存するものや、近年増加している鉱山などの産業遺産を現地保存しているものも人文系野外博物館に含まれるが、ここではあえて、民家や集落を中心として、主に移築保存により、建築をかつての生活とともに見せる野外博物館についてとりあげる。

民家園巡りの旅

ほとんど巡礼と言ってもよい民家園巡りの旅は、生きている民家が好きでそれを見て回ることから始まった。しかしどこに美しい民家が残っているかという情報は少なく、まずその土地の民家園へ行くことによって周辺の民家の概要がわかることに気づいた。始めは民家を見るための情報収集として訪れていた民家園が、数を重ねるうちに、それぞれの博物館としての姿勢の違い、民家園そのもののデザインがおもしろくなってきた。まだその国の中でさえ無名な民家園も多数存在することがわかってきた。移築保存の容易さから木造建築の文化圏が中心で、ヨーロッパではほとんどがアルプス以北、それも発祥の地であるスウェーデンと地理的に近いところに集中している。特に東欧に大きな民家園が多いが、これらは今までなかなか紹介されることがなかった。

民家園のデザイン

移築、復元、保存とは言っても、再構成するためにはあきらかにデザインが必要で、そこには伝統的な建築、景観を中心としながらも、ミュージアムとして楽しく過ごせるような、一見控えめでありながら高度なランドスケープデザインが要求されている。残されているのはオリジナルの民家、民具そのものでも、その演出やデザインの善し悪しが、いかにリアルに昔の生活を想像させるかに関わってくる。訪れる人は民家や農村風景を見に来るのであって、ランドスケープデザインを意識することは少ないだろうが、実際の村を歩いているような気分、タイムスリップしたような気分にさせるというのは、まさに優れたランドスケープデザインの成果である。日本にも民家園は多数あるが、ヨーロッパの多くの例に見られるような農地の景観まで含めたデザインは、今後の日本の民家園のあり方を考える上で学ぶべきものが多い。

写真右上
フリランスムセー
デンマーク (p.60)

写真右下
マルティン・スロヴァキア村博物館
スロヴァキア (p.106)

02：民家園の歴史

ここでとりあげる民家園の起源は1891年設立のスウェーデン、ストックホルムのスカンセンに始まる。スカンセンという名称はその敷地に由来し、城塞、要塞という意味を持つ。スカンセンは1873年、スカンディナヴィア・エスノグラフィック・コレクション（現、北方民族博物館）をストックホルムに設立していたアルツール・ハセリウスによる発案で、失われていく伝統的な民家や生活に危機感をいだいたことがきっかけとなっている。実物の民家を移築、保存し、展示することで、スウェーデン各地で人々はいかに暮らしてきたかが紹介できる博物館として画期的な存在であった。

　1867年のパリ万博、1873年のウィーン万博の頃から万国博覧会の展示で民族衣装を着た人形や民家のインテリアの再現、あるいは実際の民家など、民族、民俗の展示が流行し、ハセリウスはそれらから多くの影響を受けていると言われている。これらは自国の文化の展示だけでなく、植民地主義的な発想による差別的な展示も多かったようだが、この展示方法はこれまでにない画期的なものであり、これを常設の博物館で実現したのがスカンセンとも言える。スカンセンでは、自らの施設のことを英語で Open air museum と表現している。他の民家園でも Open air museum という言い

スカンセン、スウェーデン（p.46）

方は多く、ドイツ語ではFreilichtmuseumと呼ばれる。しかしフランスではEcomuséeと呼ばれ、民家園を中心として周辺の自然環境までを含んだ少し広い概念としてとらえられている。他の国でもエコミュージアムと呼ばれる施設は増えているが、これらは民家の移築保存を中心に企画されているものではないことが多い。

　また東欧の民家園では正式名称が別にあっても俗称でスカンセンと呼ばれることが多く、ポーランド、ハンガリーなどではスカンセンという言葉そのものが野外博物館という意味を持っている。それほどスカンセンの存在は大きく、ほとんどの民家園がスカンセンの影響を受けていると言っても過言ではない。

　スカンセンのオープンの翌年、1892年にはゲオルグ・カーリンによって、スウェーデン南部のルンドでクルトゥーレン文化史博物館が設立されている。

　以後、ノルウェー、フィンランドなど北欧から東欧へと広がり、次々と開園されていく。第二次世界大戦の空白を経て、戦後はドイツ、オーストリアでの開園が多くなる。また東西冷戦時代である1960年代の旧ソヴィエトで大規模な民家園が登場しているのも興味深い。この時期には国土全域の民家を集めるのではなく、特定の地方を対象とする民家園も増加していく。

スカンセン、スウェーデン (p.46)

03：環境デザインとして

海外の民家園を訪ねると、そこの学芸員からよく「ここはこういう主旨でデザインされている」という言葉を聞いた。そもそもデザインという言葉は日本では表面を飾ることのようにしか理解されていない傾向があるが、民家園の企画は多くの国で環境をデザインするという視点でとらえられている。

博物館としては、展示物をそのまま正確に見せることが重要であるが、民家を展示ケースに入れる施設ではない。周囲の環境が重要になってくる。しかし土地ごと切り取って持ってくることはできないし、敷地の広さにも限界がある。そこに移築される民家はオリジナルであっても周辺環境は新たに造らなくてはならない。可能な限りその民家が建っていた環境に近づけることによって、実際の村を歩いているような、あるいは過去に戻ったような体験をさせなくてはいけない。しかし環境全てをコピーすることは不可能である。そのためには違和感のない範囲でコンパクトに縮小しなくてはならない。過剰な演出は不要だが、自然に見えるデザインというのは、実はかなり難しいことである。

実物と同じではないが実物のように見える、場合によっては、特徴を強調することで実物より実物らしく見えるデザインが必要になる。これは映画のセットデザインと似ている。しかしオープンセットとは異なり、材料は本物で造らなくてはならない。

また民家の背景に何が見えているかは重要で、民家の形態はその土地の景観と一体になって初めてその意味と価値が見えてくる。そのためには植生だけでなく、地形も造成しなくてはならないことがある。

広い範囲が同時に見えていてほしい場合もあるが、地域ごとにゾーン分けされている場合、隣のゾーンが見えてほしくない場合もある。敷地面積が限られている場合は、植物や地形を利用して隠さなくてはならない。集落のように複数の民家が一望できることが必要な場合もあるし、別の地域の民家が同時に見えないようにしなくてはならない場合もある。多くの民家園には順路があり、何の次に何が見えるかというシークエンスの演出は重要である。このために配置のゾーニングの段階から景観を意識しなくてはならず、総合的で高度なランドスケープデザインが要求される。

オラヴァ村博物館、スロヴァキア（p.108）

アッパー・カナダ・ビレッジ、カナダ (p.176)

バンラティ城民俗公園、アイルランド (p.168)

04:企画と敷地選定

　伝統的民家が失われていく危機感から始まった民家園であるが、どのようなコンセプトにするかで、集めるべき民家や、配置計画などは大きく異なってくる。
　たまたま失われそうな1軒の民家があったことが設立のきっかけになることは多いが、壮大な国家プロジェクトとして動く場合もあり、スタートの理由はさまざまである。その国全域から集めることによって地域差など民家や集落の全貌を示す企画と、ある地方の特性を示すコレクションによって民家と生活を見せる企画では、要求される敷地の広さも性格も異なるはずである。本来敷地選定もコンセプトによって決めたいところだろうが、広大な面積を必要とするため、そう簡単に理想的な場所に設定することは難しい。
　民家園は広く一般の人々に楽しんでもらいたい施設でありながら、現実には極めて不便な土地にあることが多い。どこに敷地を選定するかという視点から以下の三つに分けてみる。

アストラ伝統民俗文化博物館、ルーマニア(p.88)

都市内型

スウェーデンのスカンセン(p.46)やフィンランドのセウラサーリ野外博物館(p.66)など初期の民家園ができた時代は都市内の公園として設けられることが多かった。初めからコレクションによる博物館として計画される場合、都市公園としての利便性を備えていた。また初期の民家園のオープンは100年以上も前のことであり、まだ都市の規模も大きくはなかった。数ある民家園の中で交通の便利なところはほとんどがこれら初期のタイプである。

郊外型

求められる民家園の規模が大きくなると土地の確保は容易ではなくなり、広大な面積を得るために郊外に計画されるようになる。これらは全国から移築して集めるその国を代表する民家園であることが多い。広い範囲の地域を対象として遠くから移築される場合、移築される民家の周辺は、民家園の敷地とは地形や植生が異なる環境を演出しなくてはならないこともある。都市郊外の広大な敷地の例はルーマニアのアストラ伝統民俗文化博物館(p.88)、ウクライナのキエフ民俗建築と生活の博物館(p.82)、リトアニア民俗生活博物館(p.72)などがある。これらは多少不便ではあるもののまだ大都市の郊外であるが、ベルギーのワロン農村生活博物館(p.148)やフランスのアルザス・エコミュゼー(p.142)など公共の交通機関だけでは到達できないような極めて不便な施設もある。

現地型

民家園設立のきっかけになった保存民家や集落がある場所を敷地とする場合は、その土地であることが非常に重要になる。ロシアのキジ歴史建築民族博物館(p.74)では教会を含む数棟の保存建物のまわりに移築して集められた。フランスのグランドランド・エコミュゼー・マルケーズ(p.144)、クロアチアのクムロベツ・スタロ・セロ博物館(p.158)は集落そのものの保存が発展して民家園となった。また地域的に狭い範囲から移築されている場合も、周辺環境となじみやすい。ドイツのフォグツバウエンホフ・シュヴァルツヴァルト野外博物館(p.132)はこの例で、このタイプは、周囲に造り物ではないオリジナルのランドスケープがあるので、民家園を周辺から切り離された別世界として構成する必要はなく、隣接する景観と一体化できる。

アルザス・エコミュゼー、フランス(p.142)

クムロベツ・スタロ・セロ博物館、クロアチア(p.158)

05：配置計画

地方別のゾーニング

移築される棟数が増えると、その配置は何らかの分類をした方が見やすくなる。集めてくる対象地が限られた狭い範囲ではない場合、地方ごとのゾーン分けが必要になってくる。その国全域から集める場合はこのタイプのゾーニングになることが多い。ラトヴィア野外民族博物館（p.70）の場合は敷地形状がラトビアの国土の形をしていて、地方別のゾーンもわかりやすい。しかし多くの場合は地理的な位置関係で配置するのではなく、地形の特徴が出るように配置されている。オーストリアのグロースグマイン・ザルツブルグ野外博物館（p.134）は対象となる土地はすべて山岳地帯だがその中でも特に険しい地方の民家を敷地内の一番高低差がある部分に配置していて、オリジナルの敷地と似た景観を造っている。スイス全土から集めているバレンベルグ野外博物館（p.140）では地方ごとにクラスターが設けられて、そのクラスターごとに増築の余裕を持たせてある。

性格別のゾーニング

市街地のゾーンと農村のゾーンというように敷地の性格で分けられているケースも多い。市街地は家並みとして見せないといけないので隣家と接近して配置される。しかし移築保存の対象は1棟単位で決まるので、オリジナルの近隣状況とは異なるのは避けられない。チェコのロジノフ・ポド・ラドホシテム・ヴァラキア野外博物館（p.116）では当初町の中心の再現から始まり、後に敷地を拡張して農村のゾーンを開設している。海辺の民家はそのような景観の中に置くのが最もふさわしいが、民家園の敷地が海辺とは限らない。このような場合、人造湖などの水面を造って景観を整備するところもある。また水車のゾーンや風車のゾーンとしてまとめているところもある。ルーマニアのアストラ伝統民俗文化博物館（p.88）では土地の性格別ではなく建物の機能別のゾーニングを行っており、この例は珍しい。

集落の配置

リトアニア民俗生活博物館（p.72）では道に直交する短冊状の敷地に、平入りの細長い民家が並ぶという独特な農村の集落形態を再現している。しかし同じ村から丸ごとの移築ではないので、あくまでそれらしくという状態だが、地割のプロポーションや、隣家との距離は、伝統的景観を構成する大切な要素である。アメリカのオールド・スターブリッジ・ビレッジ（p.170）ではコモングリーンと呼ばれる緑地の広場を中心とする伝統的な集落配置が再現されている。

写真右上
グロースグマイン・ザルツブルグ野外博物館
オーストリア（p.134）

写真右下
オールド・スターブリッジ・ビレッジ
アメリカ（p.170）

06：環境の表現

19世紀末から始まる民家園は、時代とともに変化してきた。いろいろな分類法が考えられるが、ここではランドスケープデザインの視点から大きく四つのタイプに分けてみる。

以下、展示方法が現れてきた順に世代という言い方をするが、どのようなスタイルをとるかはその民家園のコンセプトによるものであり、新しくても第1世代の表現をとるケースもあるし、また古い民家園が改装しながら第3世代、第4世代の展示方法をとりいれていくこともある。

第1世代　都市公園としての民家園

世界最初の民家園であるスカンセン以後、しばらくは北欧での開園が続く。初期はまず民家の保存が最優先で、博物館の屋外展示、あるいは陳列という考え方が多かった。農家の付属建物などをセットで保存することは早い段階から行われているが、ランドスケープデザインとしては公園をデザインする感覚で造られている例が多い。ストックホルムのスカンセン（p.46）、オスロのノルウェー民俗博物館（p.54）、ヘルシンキのセウラサーリ野外博物館（p.66）、ブカレストの村落博物館（p.90）、モスクワのコローメンスコエ（p.80）などは大都市の公園として市民の憩いの場としても機能していて、園路と広場の関係や休憩所の配置などに気を使っていて、散策して楽しめるようなランドスケープデザインになっている。また他の施設と一体となって公園を構成する小規模なものでは、ノルウェーのヘドマルク博物館（p.58）、ドイツのシュペッケンビュッテル野外博物館（p.130）などがある。

第 2 世代　地形を再現する民家園

民家だけでなく周辺環境の再現を意識するようになり、その民家が建っていた土地のランドスケープに近づけることが意識されるようになってくる。斜面か平地か、あるいは周囲の開け具合という段階から、農村での集落の配置や道のあり方などの景観を再現するようになってくる。この頃から敷地面積が広大なものとなってくる。景観一式を再現するというのは民家が建っていた環境のあり方を見せることができるという大きなメリットがあるが、デメリットとしては来園者の歩行距離が著しく増加することである。また将来の増設予定地の余裕を持った敷地を選択するようになると、さらに巨大な民家園が出現するようになる。ルーマニアのアストラ伝統民俗文化博物館(p.88)やリトアニアのリトアニア民俗生活博物館(p.72)はこのタイプに該当する。この頃には都市内で広大な面積が手に入れにくくなることから、郊外に造られるようになり、交通の便が悪いところが増えてくる。

第 3 世代　農業景観を再現する民家園

地形だけでなく農業、牧畜業の景観を再現するものが登場してくる。近年家畜を飼う民家園は増加している。それも単なる雰囲気造りの小道具としての家畜ではなく、かつて飼育していた種の家畜で、歴史を見せることも意図している。スイスのバレンベルグ野外博物館(p.140)は1978年にオープンしているが、1996年から家畜を飼うようになった。その前後を比較すると、家畜がいることで、その臭いなども含めて生きている空間になっているのを実感した。しかし民家にとっては見学者に触れさせないように大事に保存するより、はるかに傷みは激しく、文化財保存という観点からは望ましくない。それでもリアルな住環境の再現を選択したということだろう。民家園が何のために存在しているかが問われることになる。

　牧畜を行っていた地域では地形を再現すればある程度元の景観に近づけることはできたが、畑作や果樹園など農業の景観をより正確に再現するためには実際に作物を栽培する必要が出てくる。いくつかの民家園ではかつて栽培していた品種の作物を育てている。しかし博物館としては建築の維持だけでなく農作業というメンテナンスが加わり運営上は負担が増えることになる。

　これら、農業の景観を再現することや、家畜を飼ったりするようになることで、民家の周辺はより生き生きとした環境になり、民家が現役だった頃を体験できるようになる。

写真左
バレンベルグ野外博物館
スイス(p.140)

第4世代　時間を表現する民家園

それぞれの民家が建った当時の様子を再現するのではなく、全体をある特定の時代に設定して構成する手法がある。その時代にタイムスリップしたかのような楽しみ方ができるようになる。これは民家園開設当初から設定されている場合もあるが、保存民家が増える中で登場する新しい展示方法であることも多い。それまでの場所性の表現に時間軸の表現が加わることになる。考古学、建築史的な視点から見た建築はオリジナルの状態が最も尊く、建った当時の状態に復元するのが最も正しいとする傾向がある。確かに建った当時の状態を調査することは基本であり、博物館としてはそれを見せることに価値がある。しかし民俗学的な視点からすれば、その建築がどう使われてきたか、時代とともにどう改変され、継承されてきたかという調査も重要である。民家園には建築博物館と民俗博物館との両方の機能が求められている。

　民家園の歴史は、まず貴重な建築を消滅の危機から守り保存するというところから始まり、民具や伝統技法などの保存へと広がっていったと言える。それをいかに見せるかという演出が求められるようになると、同時に並ぶものの時代考証が求められるようになってきた。

　民家は後からの増改築に価値がないわけではなく、後から付けられた部分がその土地の民家の形態的な特徴になっている場合もある。また最も栄えた時代が最も完成された美しい姿であるという見方もできる。しかし、前述したように景観を丸ごと持ってくるわけではなくスペースも限られているので、それらしく見せるためには時代考証も含めたデザインが求められる。

デトモルト野外博物館(p.120)。民家が建ったときではなく村に電気が通じた頃をテーマにしている

- **特定の時代を表現する**

  インテリアを再現するときに時代を設定することはよくあるが、外部環境にも時代設定が考えられるようになってくる。アメリカでは民家園全体として時代設定されていて、統一感ある環境が造られている。ドイツのデトモルト野外博物館(p.120)では一部に「村に電気が通った頃」をテーマにしたゾーンがあり、集落のように配置された民家群の中で木製電柱が景観上重要なアクセントとなっている。各民家の内部はこの時代の内装や家具で揃えられている。これは生活が大きく変化した時代の暮らし方を見せるという価値を持っている。

- **時代とともに変化する環境を表現する**

  時代の表現として興味深いのは長屋を移築し、一列に並ぶ同じ形の部屋を時代ごとのインテリアとして再現するという展示方法である。オランダ野外博物館(p.150)とイギリスのセントファーガンス：国立歴史博物館(p.162)で見られるが、端から一部屋ずつ覗いていくと生活の変化が実感できて興味深い。暖房の燃料が石炭から石油や電気への変化から、家具や照明器具の変化、さらに屋根葺き材や裏庭の使い方の変化まで、細部にわたってリアルに表現されている。最後の部屋は1970年代、この家が移築される直前の調度でまとめられている。

オランダ野外博物館の4軒長屋。右端の車も展示品(p.150)
右の室内写真、上から年代順

1860年。壁の中の棚のようなベッドは少しでも容積を小さくして寒さを防ぐため

1910年。暖炉からストーブに変わる

セントファーガンス：国立歴史博物館の長屋。
裏庭の使い方の時代による変化も再現している(p.162)

1950年。棚の上にはラジオ

1970年。暖炉があったところにはテレビ

07：保存対象時代の拡大

民家はどこの国でも、他の建築に比べて遺構の年代が遡らない。民家園に移築保存される民家は古くても15～16世紀で、18、19世紀のものが多い。しかし新しいものがどこまで保存対象になるかは民家園の考え方によってかなり異なる。民家園全体をある時代の状態に設定しているところでは、それ以降の時代の民家が今後加わることはないが、一方で近過去のコレクションを次々と増やしている民家園もある。

イギリスの民家園は特に近過去の展示に関して意欲的で、チルターン野外博物館(p.167)では、初期コルゲート板の建築が保存されている。日本では波型トタンなどと呼ばれるこのコルゲート板は伝統的な材料を駆逐する醜い建材という評価が多いが、建材としての性能や、コストにおいてすばらしい業績を残しており、これらをしっかり保存していこうという姿勢に驚かされる。またイギリスのセントファーガンス：国立歴史博物館(p.162)では第二次大戦後の復興のために開発された初期のプレファブ住宅が保存されている。日本ではプレファブ住宅は民家とは対極にあるものととらえられているが、住まいの変遷という視点からは同列の扱いを受けるべきという思想が見えてくる。またイギリスのエイボンクロフト歴史建築博物館(p.166)では電話ボックスおよび電話交換機が保存されている。

ウクライナのキエフ民俗建築と生活の博物館(p.82)では「20世紀の住宅」というゾーンがある。1棟のサンプルではなく、集落を形成するほどの数の「現代」住宅が並んでいた。これらは、有名建築家による名作や、技術的な新しい取組みをテーマにしたものではなく、ごく一般的な普通の住宅であるところがおもしろい。このコーナーは社会主義国時代、つまりウクライナではなくソヴィエトであった時代に造られたもので、それ以前の民家と比べるとこんなに便利で衛生的になったという見本であったのかもしれない。ノルウェーのマイハウゲン(p.52)では1980年のハウスメーカーによる住宅がその時代のインテリアとともに保存されている。民家か量産住宅かという区別ではなく大きく住環境の変遷としてとらえている。この時代のものであれば新築しても正確に造れそうであるが、空港建設で立退きになった家を移築してくるという凝りようである。現代の住宅も未来から見ればこの時代らしさにあふれているだろうし、地域性も出ているはずなので、いずれは伝統的住空間のひとつに加わるのである。

セントファーガンス：国立歴史博物館(p.162)では2001年の住宅と称して、最先端技術を駆使したモデルハウスが2001年に造られたが、あっという間に10年前の住宅になってしまった。マイハウゲン(p.52)でも同様な最先端住宅が造られているが、未来を予測したものはなかなかその通りにはならない。

エイボンクロフト歴史建築博物館(p.166)。32個の歴代電話ボックス

セントファーガンス：国立歴史博物館(p.162)。1948年製プレファブ住宅

写真右ページ
チルターン野外博物館(p.167)。1886年築、波型鉄板を張ったヘントンの教会

08：保存対象分野の拡大

民俗博物館の屋外展示部門としての民家園か、民家そのものの保存から始まっている民家園かによってコレクションの内容は大きく異なる。前者の場合、民具などの数が民家の数を大幅に上回ることが多いが、スタートがどちらであっても生活全般の保存展示へ向かって充実させていくことになる。その中でどこまでを保存対象とするか、その分野は時代とともに広がってきている。

農機具

民具としての農機具のコレクションは民俗博物館としては定番かもしれないが、アイルランドのバンラティ城民俗公園(p.168)では個人コレクションの寄贈による農具が大量に展示されている。チェコのプジェロフ・ナド・ラベム・エルベ民族博物館(p.114)では草刈りの道具を集めていて、草刈りの実演を見せられるようになっている。これは野外博物館ならではの演出だろう。

バンラティ城民俗公園

アストラ伝統民俗文化博物館

プジェロフ・ナド・ラベム・エルベ民族博物館

トラクター

蒸気機関による牽引車は日本ではなじみがないが、農業に使われていたところでは保存されていることが多い。グロースグマイン・ザルツブルグ野外博物館(p.134)では大量のトラクターが保存されている。

グロースグマイン・ザルツブルグ野外博物館。
クラシックトラクターのコレクション。エンジン音が流れている

アルザス・エコミュゼー。蒸気牽引車

馬 車

馬車をコレクションの対象にしている民家園も多く、園内の移動に使っているところもいくつかあるが、移動手段としてだけで馬車自体の保存にはこだわっていないこともある。リトアニア民俗生活博物館（p.72）では馬に乗って園内を巡ることもできる。

アストラ伝統民俗文化博物館

アッパー・カナダ・ビレッジ

グリーンフィールド・ビレッジ

鉄 道

保存鉄道や鉄道博物館は世界に数多く存在するが民家園と一体になった施設は案外少ない。フランスのグランドランド・エコミュゼー・マルケーズ（p.144）では廃止された路線をそのまま使っていて、その鉄道に乗らないと入園できない。アメリカのグリーンフィールド・ビレッジ（p.172）では地元で廃止された鉄道の蒸気機関車を走らせ駅舎も再現しているが、客車はいかにも遊園地的な車両を使っている。オランダ野外博物館（p.150）では第二次世界大戦で激戦地となり破壊されたアーネムの路面電車をレストアして走らせている。グロースグマイン・ザルツブルグ野外博物館（p.134）では軽便鉄道の古いディーゼル機関車を走らせている。

グランドランド・エコミュゼー・マルケーズ

グリンフィールド・ビレッジ

オランダ野外博物館

自 動 車

自動車の登場と普及は民家の衰退と重なっているため、同居することは少ないが、アメリカのグリーンフィールド・ビレッジ（p.172）はヘンリー・フォードが始めただけあって、多くのT型フォードが実際に乗れるように美しく整備されて、園内を走り回っている。

アルザス・エコミュゼー

グリンフィールド・ビレッジ

グリンフィールド・ビレッジ

09:景観構成の細部

柵・塀

農地の柵や塀にはその土地ごとの流儀があり、使用される材料や造り方などに特徴があるが、寿命が短いため保存されることは少ない。木の枝などで造られるプリミティブな柵は世界中で見られる。特にヨーロッパではいくつかのパターンに分けられて、人が乗り越えられて動物は乗り越えられないための工夫も含めて多くの民家園で柵が再現されている。特にグロースグマイン・ザルツブルグ野外博物館(p.134)ではそのパターンを体系化し模型の展示とともに各種を再現して見せている。

グロースグマイン・ザルツブルグ野外博物館

マイハウゲン

スカンセン

リビウ民俗建築と生活の博物館

ジョルジ・チタイア野外民族博物館

村落博物館

リボビエッツ城ヴィスワ民族公園

ウィールド・アンド・ダウンランド野外博物館

セントファーガンス：国立歴史博物館

チロル農村博物館

ヴェトナム民族学博物館

養蜂小屋

世界各地で養蜂の歴史は古く、特徴的なミツバチの小屋が見られる。家畜小屋に比べると極小の建築であるが、装飾性は豊かで、多くの民家園ではこれらを保存し、また実際に養蜂を行い、中にはここで採れたハチミツを販売しているところもある。韓国民俗村(p.194)で見られるものと東欧で多く見られるものが酷似しているのが興味深い。

ズュブルツァゴルナ・オラヴァ民族公園

キエフ民俗建築と生活の博物館

ロジノフ・ポド・ラドホシテム・ヴァラキア野外博物館

韓国民俗村

スタロ・セロ・シロゴイノ野外博物館

ルボヴナ野外民族博物館
股間の穴がハチの出入口

セントファーガンス:国立歴史博物館

プジェロフ・ナド・ラベム・エルベ民族博物館

アルザス・エコミュゼー

オラヴァ村博物館

バレンベルグ野外博物館

スヴィドニク・ウクライナルシン文化博物館

景観は実にさまざまな要素からなりたっていて、それぞれに地域差や時代による変化がある。その違いや変化のスピードは大きく異なる。しかし、日常あまり意識されていないものも多く、保存対象や研究対象になっていないものも多い。民家園をデザインするためには民家や民具の保存、農業の再現だけでなくこうした細部の調査研究の上にたって、景観を総合的に造ることが求められる。

　もし民家園を見て、現実の集落との違いや違和感があるとしたら、これら些細な、しかし重要な景観構成要素がまだ不足していると言えるのだろう。

10：サービスのデザイン

民家は文化財保存という観点からはそのまま保存するのが理想ではあるが、博物館としては、わかりやすく見せなくてはならない。そのための説明や注意書き、誰でも見やすくするための工夫が必要になってくる。さらに園内の順路を示さなくてはならないし、サポートするための設備が多種必要になってくる。これらは屋内展示の博物館と異なり、景観を邪魔する存在になってはならない。

サイン計画

サイン計画は目立たなくては機能しないが、目立ちすぎては景観の邪魔になる。この点では歴史的町並みの道案内表示と似ている。順路を示す案内表示は園内をくまなく見るためには重要な存在である。大きな民家園では一度道を間違えると歩く距離が激増する。順路は博物館の展示という視点では欠かせないが、順路が決まっていない方が実際の村のように見えるということもある。またサインに頼らずに、道なりに進むとすべてを見て回ることができるという演出も可能であり、ランドスケープデザイン次第で、サインデザインの必要性が変わってくる。

　保存されている建物個々の説明は重要で図面や移築前の写真などがあるとありがたいが、あまりに大きな説明板を置かれると住空間の体験より展示品を見ている印象が強くなってしまう。パンフレットとのリンクも重要で、最もシンプルな例は建物には番号だけがあり、すべてパンフレット上で説明している。この場合は新たに建物が増えた場合はすぐに改訂版が出ないと迷うことになる。また国によっては数カ国語で説明する必要があり、サインボードは巨大になる。これらサインデザインの扱い方にその民家園が民家を見せること、環境を再現することをどう考えているかが見えてくる。

キジ歴史建築民族博物館

南山韓屋村

セウラサーリ野外博物館

ノルウェー民俗博物館

アルザス・エコミュゼー

アストラ伝統民俗文化博物館

プジェロフ・ナド・ラベム・エルベ民族博物館

オランダ野外博物館

バリアフリー

公共施設のバリアフリー化は近年世界中で進行し、最近は車いすでどこでも行けるようになってきた。民家園の場合、民家をオリジナルの状態で見せるためには、バリアフリーの設備は視覚的にそぐわなくなる可能性がある。特に日本のように敷居をまたぐことや、1段あがることが重要な意味を持ってくる文化の場合は難しい。またスロープや手すりを設置しなくてはならない場合、材質や形態によっては外観を大きく崩すことになる。しかしまるで初めからついていたかのような調和がとれたデザインにしてしまうと、オリジナルの造形と誤解される危険性もあり、あえて全く異なる現代的なデザインにする方法も考えられる。これはデザイン上大きな課題である。

バレンベルグ野外博物館。あえてスチール製のシンプルなデザイン

バンラティ城民俗公園。スロープの増設

アッパー・カナダ・ビレッジ。エレベーターの増設

オールド・スターブリッジ・ビレッジ。民家と調和する木製のデザイン

韓国民俗村。敷居をまたぐ板

ガイドブック、パンフレット

全く資料が用意されていない民家園もあるが、大きな民家園ではガイドブック、また少なくとも園内案内図などの資料は手に入る。これを頼りに歩いて見学することになるのだが、ここに何が記載されているか、解説の内容によって施設への思い入れが伝わってくる。説明によって価値が付加される。

　園内の地図はわかりやすくするために絵地図的な表現になることが多いが、このためにスケールが正確でなくなることがあり、園内案内図のデザインに関しての成功例は少ない。どの順でどのくらいの時間をかけて回るかを計画するときに地図の正確さは重要である。

11:インフラストラクチャーのデザイン

民家園は博物館である以上、来館者にとって必要なインフラストラクチャーを計画しなくてはならない。利便性が求められ、かつ美しくなくてはならないのは実際の町並みのインフラストラクチャーと同じだが、それ以上に控え目であることが求められる。舗装が何であったか、ごみ箱がどうであったか思い出せないようであれば景観のデザインが優れているとも言える。木造建築がほとんどで、草葺き屋根が多いため、消火設備も重要であるが、これらをどうやって隠すか、現代の建築や現実の町に設置するよりよほど難しい問題である。デザインが主張するのではなく、景観に埋没するような存在でありながらしっかりと機能を果たすというデザインが求められている。

園路

かつての村の道はほとんど土であり、実際の村にいるかのように感じさせる民家園の園路は舗装されていないことが多い。しかしこれは車いすの対応が難しく、雨が降ればぬかるみになる。ではどのような舗装にするか、また路面の排水をどうするかは、景観上大きな問題になってくる。あまり考えずにアスファルトにしているところも多い。

また限られた面積に多くの民家が配置されているため、そこを巡るルートは実在する集落の道とは目的が異なってくる。等高線への従い方や景観の見せ方などに配慮しつつ、効率よい順路を構成するためには、高度なランドスケープデザインのセンスが要求される。

マルティン・スロヴァキア村博物館、スロヴァキア(p.106)

ごみ箱

一般の町並みでも歴史的な街区ではそのデザインが問題になるが、特に過去の景観を再現している民家園ではかつて存在しなかったものを置かなくてはならず、どのようなデザインにするかは重要な問題である。全く置かずにごみは持ち帰ってもらうという考え方もある。一般には木製のごみ箱が置かれているケースが多いが、マルティン・スロヴァキア村博物館（p.106）のように誰かが置き忘れていったかのような籠がごみ箱になっている例もある。

ルブリン野外博物館

マルティン・スロヴァキア村博物館

オラヴァ村博物館

ルボヴナ野外民族博物館

バルデヨフ民俗建築博物館

プジェロフ・ナド・ラベム・エルベ民族博物館

バレンベルグ野外博物館

アルザス・エコミュゼー

バンラティ城民俗公園

ベンチ

民家園は巡回型博物館であり、長距離を歩くことになる。当然休憩施設は必要で、ベンチやあずまやを設ける必要がある。その休憩施設のデザインが周囲とどう調和しているかは当然重要だが、同時にそこからどんな景観が見えているかも重要である。民家園は建築とともに風景を見せる場所なので、来園者の視界にどのような絵が見えているかをつねに考慮しなくてはならない。歩くルートと休憩場所と景観の関係など、人の流れを考えたランドスケープデザインが求められる。

村落博物館

マルティン・スロヴァキア村博物館

グロースグマイン・ザルツブルグ野外博物館

12：リアリティ

コスチュームスタッフ

テーマパークでは当たり前のことだが、その場にふさわしい服装をすることで、民家園を生きた住環境として演出することができる。北欧の民家園の多くは、各民家の中に民族衣装を着た人が座って管理していて、その家の住人であるかのように説明してくれる。ラトヴィア野外民族博物館（p.70）ではどこからともなく民族衣装をきた女性たちが集まり、農家の庭先で民謡を歌い始める。聴衆は観光客数名だが、たまたま歌の練習をしている場に出くわしたというような体験をする。終わるとそのままそれぞれの持ち場へ帰る。ベルギーのボックレイク野外博物館（p.146）では昔の警察官の服装で古典的な自転車で見回りをする人がいる。テーマパーク先進国のアメリカではコスチュームスタッフの存在は充実している。グリーンフィールド・ビレッジ（p.172）では当時の衣装を着た人がただ散歩をしていた。どうも歩き回ることが仕事のようで、このようなスタッフはアメリカ以外の民家園ではなかなか見ることはできない。プリマス・プランテーション（p.174）ではさらに徹底していて、スタッフは衣装どころか当時話されていた英語で会話している。またスタッフだけでなく、体験学習などのワークショップに参加する子どもたちにも当時の衣装を着せている民家園も多く、彼らは園内を走り回っているだけで景色の一部になっている。

日本の民家園では高齢者のボランティアスタッフに頼っていることが多い。茅葺き民家は、昔話のおじいさん、おばあさんと似合うイメージが定着しているので、これもよいのだが、衣装まで意識してもよいと思うし、実際これら民家の全盛期はあらゆる世代が住んでいたわけで、もっと若い人がスタッフとしていてもよい。

オールド・スターブリッジ・ビレッジ（p.170）。体験学習に来た子どもたちは当時の衣装を着ている

生活感

今まで人が居たかのように、部屋の中に使用中の物がそのまま置かれているような見せ方が増えている。これは生活感の演出になり、その時代に戻ったかのような体験をさせてくれる。オランダのエンクハイゼン・ゾイデルゼー博物館(p.152)では小学校の入口の下駄箱に使い古した木靴が並んでいて、子どもたちが部屋にいるかのような演出をしている。同じゾイデルゼー博物館のチーズ屋では、中に入るとチーズの匂いがしてくる。しかし並んでいるのは造り物で、実物のチーズを販売しているわけではない。家畜を実際に飼っている民家園はその匂いだけで、農村の生活感を演出している。また移築された教会で、実際にミサが行われている民家園は多い。

ラトヴィア野外民族博物館(p.70)
どこからともなく集まってきて歌い始めるスタッフ

エンクハイゼン・ゾイデルゼー博物館(p.152)
中から子どもたちの声が聞こえそうな小学校の下駄箱

プリマス・プランテーション(p.174)。スタッフは古い英語で会話している

13：飲食施設

博物館として、飲食施設は重要なものと思われるが、国により施設によりそのレベルの差は大きい。そのままその国の食文化を表していると言ってもよく、ロシアやドイツのように全く飲食施設がないところもある一方、フランスやベルギーではフルコースを出すレストランがある。

レストラン

民家園の開館時間は日中のため、営業は昼食のみのところが多い。しかしレストランが入場ゲート外にあるか、または別の入口が用意されていて、民家園閉館後の夜間にレストランを利用できるようにしているところもある。メニューとしては地方独特の郷土料理を用意する民家園は多い。また○○世紀の料理など保存民家と同時代の料理を出す民家園もある。レストランは保存建物である場合と新築の施設である場合があるが、保存建物を使う場合、キッチンなど裏方の部分で大きな改造を伴うことになる。多くの来園者がある民家園ではカフェテリア式の大きな飲食施設を用意することがある。

ベルギーのワロン農村生活博物館（p.148）はとても不便な場所にあるが、農家を改装した本格的なレストランが用意されている。

ワロン農村生活博物館、ベルギー（p.148）

バンラティ城民俗公園、アイルランド（p.168）

軽 食

軽食は売店などで販売し、屋外で食べるところが多いが、この場合は特に地方性、時代性が意識されないことが多い。中国の中華民族園（p.188）では、園内に本格的なレストランはないものの、多様な民族によって文化が大きく異なるので、お菓子や軽食だけでも地方性豊かなものが用意されている。オランダのエンクハイゼン・ゾイデルゼー博物館（p.152）では燻製を作っていてその場で食べられる。また民家のひとつで民族衣装を着た女性がスープを無料で提供している。まるで一般の家庭を訪問したような気にさせる演出である。弁当を持参して広げられるようなピクニックエリアが用意されているところは多い。ラトヴィア野外民族博物館（p.70）では民家を1棟まるごと貸し出して中で飲食を伴うパーティーができるようになっている。ロガテク野外博物館（p.156）は小規模な民家園で、常時開いているレストランはないがケイタリングを使って飲食ができる家を用意している。

食も民俗的な地域差があり、時代的変化を経ているため、民家と同様、保存、再現し体験できる施設として、かつて使われていた種類の食材にまでこだわった正確な時代料理が出せるような、充実した施設になることが望まれる。

エンクハイゼン・ゾイデルゼー博物館、オランダ（p.152）

アルザス・エコミュゼー、フランス（p.142）

14：教育施設としての民家園

どの民家園も子ども連れの来園者を多く見かける。民家園は動物園、植物園と同様、子どもへの教育施設としての機能を持つ。その中でも特に教育に重点を置く民家園も多く、地元の教育施設とリンクし、学校から団体で見学に来ることを想定した施設を併設している。カナダのブラッククリーク・パイオニア・ビレッジ（p.178）では子どもたちの団体はレクチャースペースで、まず解説を聞いてから園内に案内されるようになっていて、屋内展示も充実している。アメリカのオールド・スターブリッジ・ビレッジ（p.170）ではワークショップなどの体験学習が豊富だが、それに参加する子どもたちが伝統的な衣装を借りて着ている。彼らが園内を走り回ることでさらに場を演出している。台湾原住民族文化園区（p.190）では多くの屋内展示があり、小学生の団体に対応できるスペースが各種用意されているなど、教育のために大規模な施設が設けられている。ロシアのキジ歴史建築民俗博物館（p.74）では伝統的木造建築の構造を示す大きな模型が展示されている。韓国民俗村（p.194）では、さまざまな屋根の葺き方を示す原寸大模型が置かれている。フランスのアルザス・エコミュゼー（p.142）では木造民家が1棟、軸組みだけの状態で建てられていて構造が理解できるようになっている。ルーマニアのアストラ伝統民俗文化博物館（p.88）ではいろいろなタイプの水車の機械的なしくみを理解するための模型が並んでいる。ノルウェーのトロンデラーグ民俗博物館（p.56）には校倉を自分で積んでみることができる大きな模型が置かれている。またイギリスのウィールド・アンド・ダウンランド野外博物館（p.164）では地元の大学との連携で保存技術を専門に学ぶ大学生への教育の場が用意されている。民家園にとっての教育というと小学生以下が中心になってしまうことが多いが、建築学科や、建築保存技術など専門的な教育にも活用されるべきで、日本でももっと多くの民家園が大学などと連携する可能性が考えられる。

アッパー・カナダ・ビレッジ、カナダ（p.176）

オールド・スターブリッジ・ビレッジ、アメリカ（p.170）

韓国民俗村、大韓民国（p.194）。屋根の葺き方を示す原寸大部分模型

アルザス・エコミュゼー、フランス（p.142）。構造を見せるためにあえて軸組みだけの再現をしている

039

キジ歴史建築民族博物館、ロシア（p.74）
屋根の葺き方を見せる模型

アストラ伝統民俗文化博物館、ルーマニア（p.88）
水車の原理を見せる模型

トロンデラーグ民俗博物館、ノルウェー（p.56）

ブラッククリーク・パイオニア・ビレッジ、カナダ（p.178）

15：楽しめる民家園

博物館である以上、建築学的、民俗学的に正確に保存、再現できている内容であるべきだが、民家園はテーマパークと紙一重のところにある。テーマパークという言葉の定義が「特定の一貫したテーマをベースとして演出された観光施設」であれば、民家園がテーマパークと呼ばれても問題はないのだが、日本で言うテーマパークは一貫したテーマに基づいて構成されていれば、学術的な博物館から遊園地まで、その範囲は広く、同じ民家を対象としていながら、その再現に正確さを欠いたものも数多く見られる。

各地の民俗を見せたり、物産を販売したりする施設としてエンターテインメント的には成功していても、建築的に正確な再現を重視していないものは博物館とは呼び難く、本書で言う民家園には含めていない。たとえば、インドネシア、ジャカルタのタマン・ミニ・インドネシアやスペインのバルセロナ万博のときに造られたポブレ・エスパニュールなどは、各地の民俗を見せ、物産品を販売する施設として、テーマパークとしては成功している。しかし民家に関しては博覧会のパビリオン的な存在であり、雰囲気を伝えているだけで、その形態はかなりデフォルメされたり、誇張された表現であったりする。民家の博物館としては再現の正確さに欠けると言わざるをえない。

マルティン・スロヴァキア村博物館、スロヴァキア（p.106）

とはいえ民家園にもエンターテインメント性は必要で、楽しく体験できるべきである。民家園に限らず博物館は陳列だけでは済まされない時代になっている。いかに楽しく体験させるかを演出しなくてはならない。しかしそこには事実と異なるものを展示してはならない。演出に凝りすぎて、何を見せるべきかを見失ってしまう博物館も存在する。アメリカの民家園はこの点で優れていて、学術的な正確さを保ちつつも楽しく体験できるアトラクションを用意しているものが多い。

また文化財として過度に保護する必要もないと考える。ガラスケースに入った美術工芸品と異なり、たえず風雨にさらされていて、外壁や屋根は定期的に補修や、材料の交換をして維持していかなくてはならないものであり、18世紀に建った民家でも今見えている表面は数年前に取り換えたものだったりする。立入り禁止や手を触れさせない注意書きだらけでは空間体験もできない。屋内展示の博物館とは異なり、必ずしも保存されたオリジナルだけでなく復元、再現されたものが含まれざるをえない。むしろ複製品であることによって直接手に触れたり、使用したり、体験できる可能性が増えることにもなる。しかしそれらは学術的に正確な複製でなくてはならない。この正確さが博物館と遊園地を分けるものであり、楽しむことと学術的であることのバランスを保たなくてはならない。

アッパー・カナダ・ビレッジ、カナダ (p.176)

16：民家園の展望

民家が好きな人の中には民家園に興味を示さない人がいる。保存されているものには興味を示さず、生活している家、生きている家にしか関心を持たない人もいる。確かに生きていてこその民家であり、どのように受け継いでいくかが重要である。

しかし、現在伝統的な住環境が残っている場所にそう簡単には行かれない。これらがまとめて見られるとすれば、動物園や植物園と同じ価値があるとも言える。動物は野生の状態で観察するのが一番であるが、現実にそれを見に行くことが難しい場合に動物園は有効な施設である。絶滅が危惧される動物と同じ境遇の民家も多い。また民家園が現地での生きた民家と異なるのは、すでに失われた過去の生活環境を見ることができる点である。時間旅行が体験できる施設でもある。また広い範囲の地域から移築されている場合、ひとつの民家園の中で異なる地方の民家を比較して見ることができる。民家園は民家の現地保存が充実してくれば不要になる施設ではなく、これからも増えていくべき博物館といえる。

民家園の使命

各国の民家園の歴史を見ると、企画が始まってから実現するまで長期間かかっているものが多い。経済的には造るのも維持するのも大変な施設である。日本ではバブル期に大量に登場した安易なテーマパークの多くが倒産しているが、民家園は民家が持つ100年単位の歴史を次の100年かそれ以上残さなくてはならないという使命を負っているので、経営が苦しくなっても簡単にやめるわけにはいかない。営業収益だけで考えられるものではなく、文化的な責任が求められている。東欧諸国が経済的に豊かとは言えない時期に大規模な民家園を維持してきたことは、自国の文化的アイデンティティにとって重要な施設として位置付けてきたからと言えよう。

これからは、すでに多くの民家園で取り組まれているように、建築だけでなく、家畜などの動物、農林水産業、鉱工業、そして交通など、さらに人の手によらない既存の自然環境、伝統芸能などの無形文化財まで、生活を取り巻くすべての環境の博物館として機能することが望まれる。そのためには極めて多くの分野の学際的な協力による企画が求められる。そして展示品として見るのではなく、その土地、その時代へ行ったかのように体験できるだけの演出が重要になってくる。学術的な正確さを高いレベルで保ちながら楽しめる総合的な施設であり、さらに今後の生活にとって役に立つ情報を提供できる施設でもあることが望まれる。

民家と現代住宅の間

失われていく住空間への危機意識から始まった民家園であるが、民家を過去のものとして、歴史的遺構の見学や、ノスタルジーの体験として見るのではなく、今生きている民家の価値を再認識し、それを活用し、より長く生かすためのきっかけを提供する場として機能することが望まれる。ハンガリーのスカンセン・センテンドレ野外博物館(p.118)では古い民家を所有する人に対して保存、改修のアドバイスをするというサービスを行っている。スイスのバレンベルグ野外博物館(p.140)では現代的な住まい方ができるように改修する見本が1棟建てられている。これは典型的なスイスの木造民家だが外観をまるごと保存しつつ、内部は元の空間にこだわらず、しかし外観と調和するデザイン手法で美しい空間を提案している。民家園の関係者は歴史的な視点から文化財としての民家の保存を考えるだけではなく、これからの住環境が何を継承していくべきかを考えるという視点が求められるようになるだろう。

バレンベルグ野外博物館、スイス（p.140）。外観・室内
一部に増築をしているが外観はほとんど変えることなく、入れ子のように新しい空間を挿入している。
現代的な設備を備えつつ、伝統的な建築のスケール感を継承している。改修方法の見本として図面も展示している。

世界の民家園

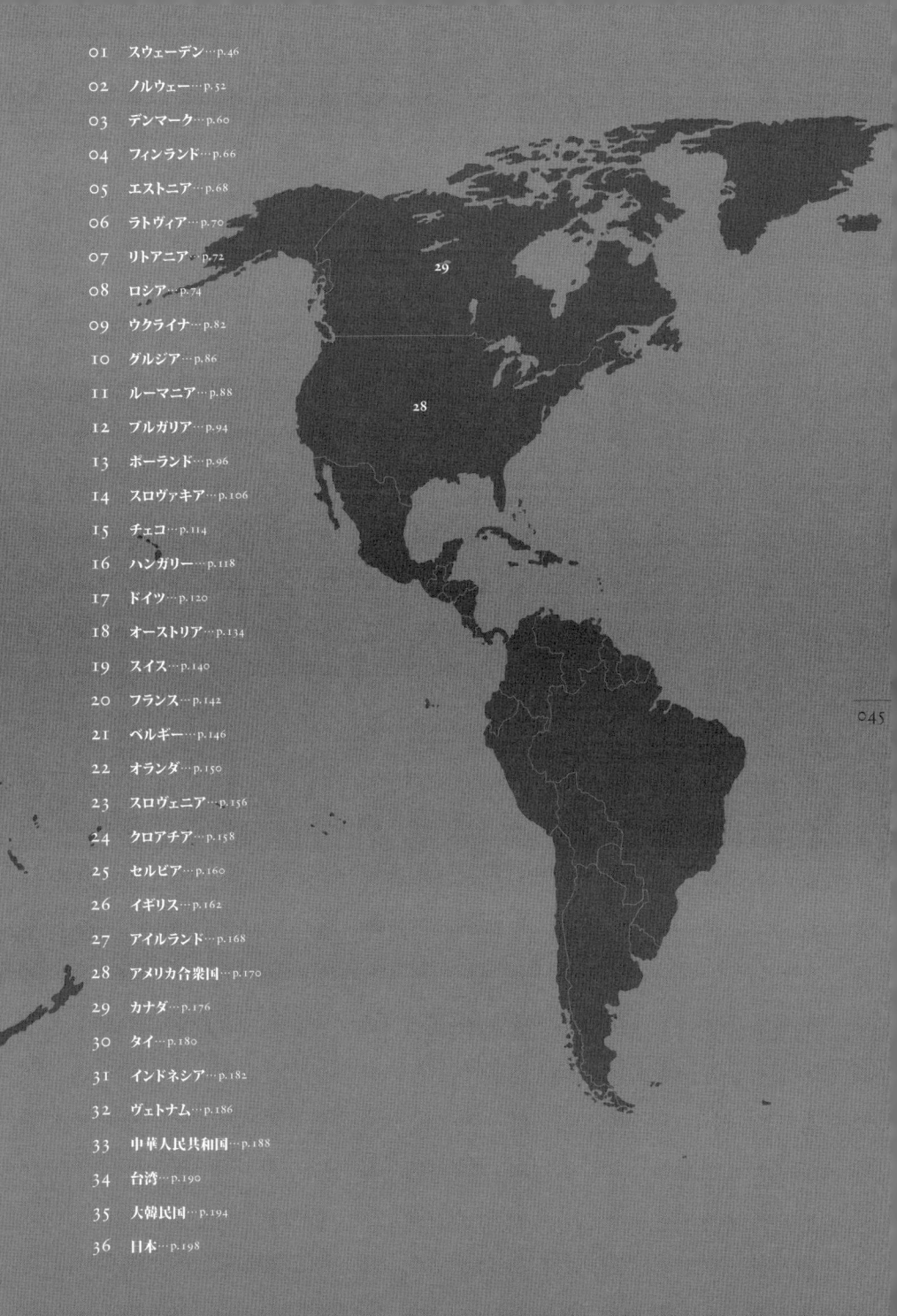

01　スウェーデン…p.46
02　ノルウェー…p.52
03　デンマーク…p.60
04　フィンランド…p.66
05　エストニア…p.68
06　ラトヴィア…p.70
07　リトアニア…p.72
08　ロシア…p.74
09　ウクライナ…p.82
10　グルジア…p.86
11　ルーマニア…p.88
12　ブルガリア…p.94
13　ポーランド…p.96
14　スロヴァキア…p.106
15　チェコ…p.114
16　ハンガリー…p.118
17　ドイツ…p.120
18　オーストリア…p.134
19　スイス…p.140
20　フランス…p.142
21　ベルギー…p.146
22　オランダ…p.150
23　スロヴェニア…p.156
24　クロアチア…p.158
25　セルビア…p.160
26　イギリス…p.162
27　アイルランド…p.168
28　アメリカ合衆国…p.170
29　カナダ…p.176
30　タイ…p.180
31　インドネシア…p.182
32　ヴェトナム…p.186
33　中華人民共和国…p.188
34　台湾…p.190
35　大韓民国…p.194
36　日本…p.198

01-1

スカンセン
Skansen

1891年、アルトゥール・ハセリウスによって設立された世界で最も古い野外博物館であり、各国の野外博物館のお手本になっている。ハセリウスは言語学者であり、教師であったが、スウェーデン各地を旅行し、農村の民家と生活が失われていくことに危機感を持ったのがきっかけとなっている。1891年春にスカンセンの丘に土地を買い、その年の秋にはオープンしている。スカンセンとは港、または小さな砦という意味で、この博物館がある場所に由来するが、各国で野外博物館の代名詞として使われている。敷地は約30ha、徐々に建物が増え、150棟に達する。

今となっては建物の詰め込み過ぎに見える。スウェーデン全域からの移築によるが、丘の上にノルウェーのロフトが1軒あり、初期はスカンディナヴィア全域を対象にしようとしていたことがわかる。敷地は丘状に起伏があり、周囲の眺望がよい。ガラス工場などがある市街地部分と農村部分からなり、動物園、コンサート会場など他のエンターテインメントが併設され、市民の公園として機能している。

Djurgårdsslätten 49, Djurgården Sweden
ストックホルム中央駅の東約3km
http://www.skansen.se/

南部、18世紀の農家。中央の低い部分が居室

1729〜30年築のセグロラ教会

047

ヴェステルイェトランドの小作人の家

中部ヘルシングランドの農家。長屋門に似ている

南部スコーネ地方の農家

01-2

レークサンド・ヘムビグスゴーダル
Leksands hembygdsgårdar

スットクホルムの北西、ダーラナ地方シリアン湖畔の町レークサンドにある。農家と納屋、学校、舟小屋など、24棟からなる小規模な博物館。母体は農夫ジョーンズ・マットパーソンの個人的な民家のコレクションである。1899年、自身の農場でレークサンド民族博物館として開設した。初め近隣住民は冷ややかな目で見ていたが、国王が見にきて以来協力的になったという。1965年、現在の敷地である教会に隣接する公園に移設され、さらに棟数を増やし、レークサンドの自治体が運営する博物館として開館した。敷地は湖に面した丘の上でほとんど平坦地だが、崖下の湖畔に17世紀の舟小屋が1棟あり、村民が一緒に教会へ行くための舟であるチャーチボートが2隻保存されている。

Leksands kommun Leksands kulturhus 79380 Leksand
レークサンド駅から西へ 1km
http://www.leksand.se/sv/Startsida/Kultur-och-fritid/
Hembygdsgardar/Leksands-hembygdsgardar/

1750年築、屋根は白樺の樹皮の上に丸太を並べる

16世紀初めのロフト。丸太半割のねずみ返しが付く

1791〜93築、中がインフォメーションになっている

1581年築のロフト

19世紀の家。敷地は森に囲まれている

村人が教会へ行くための舟を入れる舟小屋

01-3

クルトゥーレン Ⓐ
Kulturen

スウェーデン南部、ルンドの市街にある、スコーネ地方の伝統的な工芸、技術の保存と民家の展示を目的とする野外博物館。1892年、スカンセンの翌年の設立。移築された町屋と農家からなり、各建物内を展示場所にしているためオリジナルの内部空間になっていないものが多い。民家園というよりは博物館の屋外展示という位置づけで、街並みの再現を意図しているわけではない。しかし麻による糸作りなど、子どもを対象としたワークショップが多く、伝統文化、技術の保存に主力が置かれている。

Kungsgatan 4, 223 50 Lund Sweden
ルンド中央駅の東約 500m
http://www.kulturen.com/

スモーランド地方の小屋

1714年築の家。子どもたちのワークショップに使われている

クルトゥーレン・オスタルス ❸
Kulturen Östarps

ルンドの郊外にある民家園。クルトゥーレンの別館的な内容で、1924年のオープン。クルトゥーレンが伝統的な手工業の技術を見せるのが主な目的なのに対し、こちらは伝統的な農業の景観と農作業を見せるのが主な目的で、主に18世紀、19世紀の民家、風車、水車が移築されている。入口近くに民家を改装したレストランがあり、中央部に池がある。納屋を改装した屋内展示があるが、既存のランドスケープそのままで、どこまでが博物館かわからないほど、周囲の農村風景と同化している。

Mellan Veberöd och Blentarp,
Sjöbo Municipality Sweden
ルンドの東約 30km

1705年築の水車小屋

スコーネ地方の典型的な農家

コの字型に建物が配置され風を避けられる中庭

02-I

マイハウゲン
Maihaugen

オスロの北にある、冬季オリンピックが開催された町リレハンメルにある。マイハウゲンとは「5月の丘」という意味で、その丘にある約200棟の建物を有するノルウェー最大の野外博物館。歯科医アンダース・サンドヴィクはコレクションとして民家を個人の庭に移築していたが、それを博物館として公開するために1887年に企画がスタートし、1904年にオープンした。屋内展示は1959年のオープンで、膨大な写真のアーカイブを持ち、職人の作業部屋の再現などを中心に内容も豊富で充実している。ランドスケープデザインは秀逸で、池をうまく取り入れた配置や、風景と建物の関係、順路などがよく考えられていて、絵になる風景が多数用意されている。全体は三つのゾーンに分けられていて、農村のゾーンでは1700〜1850年に焦点をあてている。町のゾーンは19世紀初頭〜1920年まで、住宅のゾーンには20世紀の戸建て住宅と、時代の設定がはっきりしている。住宅のゾーンでは1980年に住宅メーカーが建てたものが、空港建設によって1995年にここに移築されている。また、将来の増設に備えた敷地も広く用意されている。

Maihaugvegen 1, 2609 Lillehammer, Norway
リレハンメル駅の東約1km、徒歩20分
http://www.maihaugen.no/

園内には五つの湖がある
山村のエリアは1937年に拡張された

湖に面して漁村の小屋が並ぶ

1階は衣類、2階は食料の収納に使われる

3棟からなる小さな農家。内部は1950年代の姿になっている

切り出したままの天然スレートのパターンが美しい

中世の教会ガルモスターブチャーチ
塔が増築されたのは1690年、ここに移築されたのは1921年

02-2

ノルウェー民俗博物館
Norsk Folkemuseum

ストックホルムのスカンセンの3年後、ハンス・アールによって1894年に設立された古い野外博物館で、1898年に現在の場所でオープン。国王オスカー2世の夏の住居として1881年に造られたコレクションが1907年に博物館に加わっている。敷地面積14ha。ノルウェー全域から155棟が移築されている。歴史が長い分、棟数のわりに狭くなってしまった。敷地には高低差があり、地方ごとにゾーンを分けていて、農村のゾーンではロフトと呼ばれる倉が並ぶ。また1624年の大火後、1924年までクリスチャニアと呼ばれていた頃のオスロの街並みが再現されている。丘の上には1200年頃築のゴールスタブチャーチが移築されている。屋内展示では民族衣装や民具などのコレクションが充実し、その数は23万点に達する。1999年に市内から移築された3階建てのアパートでは19世紀末〜1965年のティーンエージャーの部屋、2002年のパキスタン人の部屋まで、八つの部屋のインテリアが再現されている。2004年には王室の農場が博物館に加わった。

Museumsv.0, Bygdøy Norway
オスロ中心部の西約5km
http://www.norskfolkemuseum.no/

ノルウェー南部セテスダルの農家
中央の低い部分が居室

ゴールスタープチャーチ

テレマーク地方のロフト。1300年頃建てられ1700年頃高床に改造

1651年築のロフト

左は17世紀の食料庫
よく似ているが右は山羊小屋

かつてのオスロを再現したゾーン

ほとんどの家が屋根に草を生やす

02-3

トロンデラーグ民俗博物館
Trøndelag Folkemuseum

トロンハイム郊外にある丘の上の博物館。1909年からトロンハイム住民のグループが民家のコレクションを始め、1914年、中世の城跡を敷地にして博物館としてオープンした。敷地面積は約30haあるが、まだ半分ほどしか使われていない。60棟以上の民家は大半が18～19世紀のもの。屋内展示場は新しい展示方法で、かなり近過去までを対象としている。町部分と農村部分に分けられていて戸数のわりに敷地面積が広い。池に面した舟小屋の中では古いボートが復元されている。町屋の内部はスキーミュージアム、電話ミュージアムなどの展示スペースになっているものもある。入口の外には古い建物を移築したレストランがある。

Riiser-Larsens vei 16 N-7020 Trondheim Norway
トロンハイム中心部の西約 3km
http://www.sverresborg.no/

ローロス地方の民家

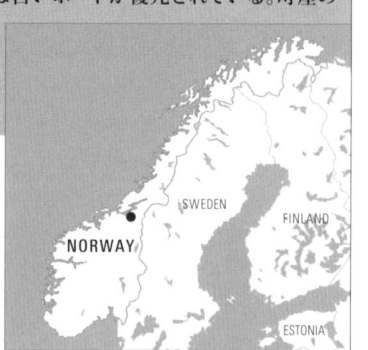

屋根は丸太を並べて上から押さえる

屋根に土を乗せて草を生やすのは断熱のため

斜面に建つメルダル地方のロフト

オップダル地方の家。壁上部には絵が描かれている

オップダル地方のロフト。ダルとは谷の意味

02-4

ノルウェー

ヘドマルク博物館
Hedmarksmuseet

オスロの北、ハマル市街の西、ミョーサ湖岸にある民家園で、周辺は博物館公園になっていて、カテドラルの遺跡にガラス屋根をかけた博物館、崩れかけた家を展示空間に再生したビショップの家、鉄道博物館などが隣接している。ホレオヘドマルコン村から移築された65棟の民家は最初に造られた一角だけ集まって建っているが、他は湖畔の広い公園内に点在している。入場料はとらず、公園の一部として置かれているため民家が建っていた場所のランドスケープを再現しているわけではなく、表示、説明類も少ない。

Strandvegen 100 2315 Hamar 62 54 27 00 Norway
ハマル駅の西約 2.5km
http://www.hedmarksmuseet.no/

白樺の樹皮の上に土を載せて草を生やす

1770年築、窓枠だけが赤い 　　1778年築のロフト 　　1650年築、赤い家

02-5

ガムレ・ベルゲン
Gamle Bergen

ガムレ・ベルゲンとはオールドベルゲンという意味。ベルゲンの市街地にあった約50棟の木造建築が移築されている。1949年オープン。現在ベルゲン市立博物館の一部として運営されている。多くは18世紀末〜19世紀にかけての建物で、外壁はほとんどペイントされた下見板張りで、内部は家具や小物などインテリアも美しく保存されている。レストラン、学校、歯科医、店舗などが、石畳の坂道に沿って街並みを構成し、かつてのベルゲンを再現している。

Nyhavnsveien 4 5042 Bergen Norway
ベルゲン駅の北約 3km
http://www.bymuseet.no/?vis=79

かつてのベルゲンは木造の街並みだったが防火のため建て替えられていった

坂に面した街並み

外壁は下見板張りだが中は校倉造であることが多い

黄色く塗られた納屋

デンマーク

03-1

フリランスムセー
Frilandsmuseet

名称のフリランスムセーは単に「野外博物館」という意味。1897年に企画が始まり1901年にオープン。コペンハーゲンの北にあり、広さ約36ha。1650～1950年の建物100棟以上からなる国立博物館。フェロー諸島を含むデンマーク全域、および旧デンマーク領だった南スウェーデンと北ドイツの一部からも移築されている。

民家はハーフティンバーに草葺き屋根という組合せが多く、中庭を囲む配置が多い。レス島の海草で葺かれた民家が珍しい。民家以外にも六つの工場、風車などがある。敷地はほぼ平坦で、野外ステージ、ピクニックエリアなどが用意されている。各建物の保存状態はよく、ガイドブック、図面集なども充実している。

Kongevejen 100 2800 Kongens Lyngby, Danmark
コペンハーゲンの北約14km
http://www.natmus.dk/sw4621.asp

レス島から移築された18世紀の民家
屋根は海草で葺かれている

ユトランド半島西部の民家。1803年築

デンマーク領だったスウェーデン南部、スコーネ地方の民家

デンマーク領だったスウェーデン南西部、ハッランドの17世紀の民家

ユトランド半島東部のロの字型に中庭を囲む農家

03-2

デンマーク

デン・フュンスケ・ランズビィ
Den Fynske Landsby

アンデルセンで有名なフュン島のオーデンセにある小規模な野外博物館で、名称の意味は「フュン村」。18〜19世紀のフュン島の農家、風車、水車、小さな学校、レンガ工場など20数棟が移築されている。農家は基本的にハーフティンバーと草葺き屋根で、中庭を囲むロの字型の配置が多い。野菜、ハーブ、ホップなどが栽培され、19世紀の農園が再現されている。また馬、牛、豚、山羊、ガチョウなど、19世紀に飼育されていた古い品種の家畜約50種類が飼育されていて、景観とともに農村の匂いも再現されている。

Sejerskovvej 20 5260 Odense S Denmark
オーデンセ駅の南約3.5km
http://museum.odense.dk/museer/den-fynske-landsby.aspx

19世紀の風車

馬が歩いて縦軸を回転させて隣の建物へ粉ひきの動力を伝える小屋

村の司祭の家

家畜小屋のウイング

主屋と家畜小屋で囲んで中庭を構成する

なだらかな牧草地に民家が並ぶ

03-3

デンマーク

デン・ガムレ・ビイ
Den Gamle By

デンマーク北部の都市、オーフスにあった町家を中心として集めた博物館で、名称の意味は「古い街」。デンマーク女王の後援によって1909年に設立された国立博物館だが、運営はNPOによる。デンマーク各地の市街地からハーフティンバーの建物を中心に約75棟の町家が移築されている。時代を設定したコーナーがあり、1927年のコーナーには当時最先端であった下水道マンホールや電話線、ガソリンスタンドなどが置かれ、1974年のコーナーではテレビが並ぶ電気屋や旅行代理店などが見られる。

Viborgvej 2 8000 Aarhus C Denmark
オーフス駅の西北約1.5km
http://www.dengamleby.dk/

水車小屋

運河を模した池に沿って並ぶ

主にオーフス、オールボーの町家を集めている

1900年までに建った町家で構成された街区

1650年築の家

この民家園最古、16世紀のオールボーの家

セウラサーリ野外博物館
Seurasaaren ulkomuseo

ヘルシンキ郊外、市が所有する博物館島セウラサーリ島は島全体が公園になっていて面積約46ha、ゲート状の橋でアプローチする。この島の約3分の1がフィンランドを代表する野外博物館になっている。スウェーデンのスカンセンをモデルとして1909年にスタート、1913年にオープンした。セウラサーリ財団が運営している。多くは17〜19世紀の建物で、フィンランド全域からの移築によって構成されている。87棟の建物ほとんどが校倉造で、1686年築の教会が最も古く、チャーチボートのための舟小屋、樹上にあるラップ人の倉庫などフィンランド特有の建築が並ぶ。

Seurasaari Fl-00250 Helsinki, Finland
ヘルシンキ駅の西約4km
http://www.nba.fi/en/seurasaari_openairmuseum

ラップランドの樹上の食料庫

島の入口にある橋

18〜19世紀のロフトが並ぶ

067

教会へ行く100人乗りチャーチボートの小屋

1884年築、フィンランドとロシアにまたがるカレリア地方の農家

エストニア野外博物館
Eesti Vabaõhumuuseum

首都タリンの郊外ロッカ・アル・マーレにある84haの大規模な博物館。周辺には動物園などもあり、都市公園として親しまれている。1913年に開館した屋内展示のタルトゥ・エストニア博物館では、早い時期から野外博物館の構想があった。しかし経済的な問題などで実現が遅れ、さらに戦争を経てやっと1957年に建設が始まり、1964年に66haの土地、22棟の民家で開園した。現在は84ha、79棟、エストニア全域からの移築で、バルト海に面した敷地に、絵になるような配置が考えられている。園内のランドスケープデザインはうまく、民家の保存状態もよい。校倉造に入母屋造の草葺き屋根が基本だが、日本の縁側を思わせるような空間もある。

Vabaõhumuuseumi tee 12, 13521 Tallinn
タリン旧市街中心部の西約7km
http://www.evm.ee/

ヒーウマー島の19世紀後期の民家

ムフー島の20世紀初頭の農家を中心に美しいランドスケープを再現している

エストニア西部の農家の納屋と井戸

サーレマー島の漁網小屋

ムフー島の民家

縁側のように見える空間は納屋の入口

サーレマー島の19世紀の風車

ラトヴィア野外民族博物館
Latvijas Etnogrāfiskais Brīvdabas Muzejs

首都リガの市街地の外れ、ユグラ湖畔の広大な松林にあり、1924年に企画がスタート、1932年、5棟の民家でオープンした。18〜19世紀の民家が中心で、88haの敷地に118棟が集められている。農家とその付属建物など建物群はそれらしく配置されているが、必ずしも同じ地域のものがセットになっているわけではない。民族衣装を着た女性たちがどこからともなく集まってきて、家の前で歌い始めたりする。木工の実演や販売など、アトラクションも豊富である。

Brīvības gatve 440, Rīga, LV-1024 Latvia
リガ中心部の北東約15km
http://www.brivdabasmuzejs.lv/

1780年頃の民家。日本の兜造に似た屋根が多い

1757年築、1階は食料庫、2階はチーズの乾燥室

1880年頃の家畜小屋

1840年頃築、リンゴやハチミツの貯蔵庫。ここで採れたハチミツを販売している

ラトヴィア西部リエパヤ地方の1880年頃の漁家

リトアニア民俗生活博物館
Lietuvos liaudies buities muziejus

首都ヴィリニュスとカウナスの中間、ルムシュシュケシュという小さな村にある。アクセスはとても不便だが、195haの山あり谷ありの広大な敷地に140棟という規模はかなり見応えがある。1965年に企画がスタート、1974年にオープンした。地方ごとに七つのゾーンに分けられている。カウナス海という名の人造湖に面し、民家だけでなく、畑や湿地、集落のように見せる配置など、ランドスケープデザインに気を使っていて、民家園というより実際の村を歩いている気分にさせる。アウクシュタイティア地方のゾーンでは、細長い民家が道に直交して並ぶ地割を再現している。古くから飼われていた品種の馬を飼育していて、その馬に乗って博物館内を巡ることができる。

S. Nėries gatvė 6, Kaišiadorys 56040 Lithuania
カウナスの東約25km、首都ヴィリニュスの西約80km
http://llbm.lt

ジャマイティア地方の民家

敷地は広大で隣のゾーンまでかなり歩く

アウクシュタイティア地方の民家

ジャマイティア地方の風車

アウクシュタイティア地方特有の
集落配置を再現している

アウクシュタイティア地方の民家

スヴァルキア地方の民家

073

ズキア地方の
農村風景を再現している

08-1

ロシア

キジ歴史建築民族博物館
Государственный историко архитектурный и этнографический музей-заповедник/Кижи

キジ島はロシア連邦カレリア共和国のオネガ湖にある南北7kmの細長い島で、1960年、木造建築の特別保護区に指定され、周辺地域から木造建築が移築されて島全体が野外博物館となり、1990年に世界遺産となった。1714年築の巨大なプレオブラジェンスカヤ教会と、隣接する1764年築のポクロフスカヤ教会、1874年築の鐘楼が中心となっている。島の住民は博物館従業員など博物館関係者がほとんどで、南北7km、東西500mの細長い島全体に教会と民家や風車など合わせて89棟の木造建築が点在している。民家のほとんどは19世紀〜20世紀初頭のパイン材を使用した校倉造である。見どころは船が着く南部に集中していて、北部では公開されていない民家も多い。

オネガ湖岸の街ペトロザヴォーツクの北約68km
http://kizhi.karelia.ru/

キジ島中部の民家には実際に人が生活している

1879年築の農家。船着き場からここまで約4km歩く

1876年築の巨大な農家

ポクロフスカヤ教会の向こうにプレオブラジェンスカヤ教会

075

プレオブラジェンスカヤ教会

08-2

ロシア

ヴィタスラヴェイツィ木造建築博物館
Музей народного деревянного зодчества "Витославлицы"

ノブゴロドはロシア最古の都市だが、その意味は「新しい町」。民家園は1964年に企画がスタートし、1967年にオープン。ヴィタスラヴェイツィとは12〜18世紀までここに存在した村の名前である。教会と民家や納屋など木造建築22棟をノブゴロド周辺の地域から集めて、ノブゴロド博物館の一部として運営されている。敷地は約30ha。マスタープランでは最終的に70棟を予定している。入口を入ると右にミュージアムショップ、その先に民具、民族衣装などの屋内展示がある。左に数棟で街並みを構成するように民家が並び、その内の2棟が内部公開されている。

Юрьевское шоссе,
г. В. Новгород, Новгородская обл.,
ノブゴロド中心部の南約 5km
http://tat1301.home.nov.ru/vjtoslavice.htm

1882年築のリシェヴォ村の民家

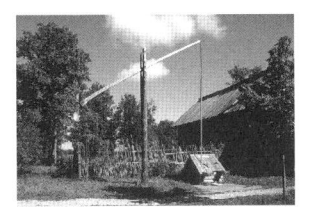

村はずれの井戸

森に囲まれてゆったりと並ぶ民家

18世紀の聖ニコラ教会

民家は道に面して妻入りで並ぶ

1531年築のペリオドキ村の教会。2階に回廊が回っている

08-3

スーズダリ木造建築・農村生活博物館
Музей деревянного зодчества и крестьянского быта

多くの歴史的建築物が残る古都スーズダリの市内、クレムリンの近くにある民家園。1960年のオープン。すべて木造建築で、なだらかな斜面に18世紀の教会2棟、風車2棟、破風に細かい彫刻がある19世紀の農家など、19棟の木造建築が並ぶ。モルモットのように人力で大きな輪を回して水を汲み上げる井戸は珍しいが、この付近ではポピュラーな存在であった。棟数は多くないが、市民のための公園として機能していて、ピクニックに来る人も多い。敷地は木造の塀で囲まれているが、塀の外にも3棟高床の倉が保存されている。入場は無料で建物内の見学のみ有料。

Суздаль, ул. Пушкарская
スーズダリの中心部の南西約1km
http://suzdal.org.ru/Arhitect/derev_zodch.htm

丘には山羊が放牧されている

人力で回す井戸。17〜19世紀まで一般的だった

19世紀の農家。2階に居間がある

高床の倉庫

1776年築、ヴォクスレセンスカヤ教会

1861年築の農家

コローメンスコエ

Коломенское

モスクワ南部郊外、コロムナ街道の起点であることに由来する名称。345haという巨大な都市公園の一部にある。野外博物館としては1925年にソヴィエト政府によってオープンしている。17世紀に木造の離宮が建設された場所で、18世紀に解体されたが2010年に復元された。最も古い建物は1532年にイワン雷帝の誕生を祝してこの地に建てられたヴォズネセーニェ教会で、1994年ユネスコ世界遺産に登録された。ピョートル大帝のコテージや、ニコロ・カーリスキー修道院の門、ブラーツク要塞の塔などが移築されているが、中にはかなり遠いところから移築されたものもある。

просп. Андропова, 39, Москва Россия
モスクワ中心部の南約10km
http://www.mgomz.ru/default.asp?ob_no=1882

1702年築、ピョートル大帝のコテージ

1652年築、ブラーツクの要塞

シャチョール様式のヴォズネセーニェ教会、1532年築

08-5

建築民族博物館タリツィ

Архитектурно-этнографический музей Тальцы

シベリアの中心地イルクーツクの郊外、バイカル湖に面するリストビアンカ村へ向かう途中、アンガラ川の東岸にある民家園。湖岸まではまだ20kmある。面積67ha。バイカル湖岸に居住する民族の17～19世紀の農家や教会、木造の砦など36棟が移築されている。1966年に企画がスタート。ダム建設によって水没したブラーツク、ウスチイリムスク地区の民家が1970年代に多く移築され、1980年にオープンしている。農家は中庭をはさんで主屋と納屋が向かいあう形式だが、中庭には太い角材が敷き詰められている。また、ゲルに似た空間を木造で造っているモンゴル系ブリヤート人の家もある。

664011, Иркутская область,
г.Иркутск, ул.Грязнова, 22
イルクーツクの南東約47km
http://talci.ru/

太い針葉樹がふんだんに使われている

17世紀のリムスコゴ要塞

農家は木造の高い塀に囲まれている

農家の中庭には太い角材が敷き詰められている

ゲルの空間を八角形の木造に置きかえたモンゴル系ブリヤート人の家

09-I

キエフ民俗建築と生活の博物館
Музей народної архітектури та побуту України/Київ

キエフ郊外にある広さ133.5haの広大な博物館で、建築物はウクライナ全域から移築されている。1969年に企画がスタート、1976年のオープン。広大な敷地は高低差があり、変化に富んだランドスケープを構成している。ウクライナ全域を各地域別にゾーン分けしている。20世紀の住宅のゾーンもかなり広く用意されている。数棟の木造教会を含む約300棟の建物、8万点の民具が集められている。民家の形態はバリエーションが豊富で、建物数も極めて多く、全てを見ようとするとかなり時間を要する。中心部では民家の保存状態はよいが、規模が大きいだけに周辺部のゾーンへ行くとメンテナンスが追いついていない建物もあり、修復を待っている状態のものも多い。

Vul. Tschervonopraporna, Kyiv Ukraine
キエフの南約15km
http://pyrohiv.at.ua/

ザカルパッチャの水車小屋

ポルタヴァ地方の民家

なだらかな丘を越えるカルパチア地方のゾーン。実際の集落のように見せている

校倉の上から壁を塗る民家が多い 　　　風車は一カ所に集められている 　　　右半分は馬が縦軸を回転させる動力小屋

ナドニプランシア地方の
ミハイルシュカ教会

リビウ民俗建築と生活の博物館

Музей народної архітектури та побуту／Львів

ポーランド国境に近い古都、リビウの郊外にある。ウクライナ西部地方からの移築による1972年オープンの博物館。教会1棟はポーランドからの移築。広大な敷地は高低差があり、変化に富んだランドスケープを構成していて、そのデザインはうまい。特に入口周辺の道はよくできていて、本当に村を歩いている感覚になる。八つのゾーンに分けているが、隣のゾーンに行くために実際に山越えをしなくてはならない。道のアップダウンは多く、山中のハイキングコース的になっている。約120棟の建物は、全体に保存状態はよいが、一部閉鎖して修復を待っているところもある。

вул.Чернеча Гора, 179014, м.Львів
リビウ中心部の東 3km
http://www.skansen.lviv.ua/

リビウ南部ボイキフシュナの民家

広大な敷地では山村の風景が再現されている

1763年築、ボイキフシュナのミコライシュカ教会

ポーランド国境地域にはレムコ人が住む。1831年築の教会はポーランドからの移築

トウモロコシの貯蔵小屋　　ボイキフシュナの民家　　井戸

ジョルジ・チタイア野外民族博物館
გიორგი ჩიტაიას სახელობის ეთნოგრაფიული მუზეუმი ლია ცის ქვეშ

創設は1966年。博物館の名前ジョルジ・チタイアは、博物館創設に関わった民族学者の名前。2004年12月以来、グルジア国立博物館の一部として管理されている。博物館はクストバ湖の西側、ヴァケ地区の首都トビリシの市街を見降ろす丘に位置する。グルジア全土からの移築によって構成されていて、52haの敷地は14のゾーンに分けられ、斜面状の敷地に教会などを含む約70棟の建物と8000点以上の民具が集められている。

メンテナンスが追い付かず、放置されている家もある。東部カヘチ地方の民家は石造に円錐状の煙出しが乗る極めて珍しい形態をしている。西部の民家は高床と校倉の組合せになり、南西部はトルコの民家に似てくる。山頂近くにはアッパースヴァネティの塔が立っている。Museum of Georgian Folk Architecture and Lifeという名称も使われている。

Kus Tba 1 Tbilisi, Georgia
トビリシ中心部の西約7km
http://www.museum.ge/web_page/index.php?id=3

ロシア国境に近いラチャ地方の民家

アッパースヴァネティの塔

トルコ国境に近いアジャラ地方の民家

アジャラ地方では倉庫の壁は枝で編む

グルジア西部、サメグレロ地方の19世紀の民家。薄い板による校倉造

087

カヘチ地方19世紀の民家。石造に木造のドームが乗る

アストラ伝統民俗文化博物館
Muzeul Civilizatiei Populare Traditionale ASTRA

ルーマニア西部の古都シビウの郊外、広大な公園であるドンブラバの森の中にある民家園。アストラ博物館という民族学系の国立博物館四つで構成される複合組織があり、その中心になる施設で、組織としてはルーマニア文化のアイデンティティのために1905年に設立された。民家園は1940年に企画が始まったが戦争で中断、1960年に敷地が決まり、1963年に建設が始まり、1967年にオープンした。シビウ周辺の民家が最も多いが、北部のマラムレシュや東部のコンスタンツァからの移築もあり、ルーマニア全土から集められている。

1989年までは、民俗技術博物館という名称だった。このためか、水車や風車のコレクションが豊富で、子どもの教育のための展示が充実している。地域別ではなく機能別に、農業牧畜業、交通通信、公共建築、木工金工など製造業、織物、民俗技術の六つのセクションに分けられている。中央の湖には伝統芸能のための屋外ステージがある。さらに全域に現代彫刻が配置されている。現在96haという広大な敷地に346棟の建物と2万点の民具を有するルーマニア最大の民家園である。

Sibiu, Calea Rășinari Romania
シビウ旧市街中心部の南西約6km
http://www.muzeulastra.ro/

マラムレシュ地方ベルベシュティの民家。ネメシュと呼ばれる貴族階級の家

ワラキア地方ゴルジュの民家。1888年築、1階は真綿を作る作業場

黒海沿岸トゥルチャの漁村の民家

復原作業中のゴルジュの民家

馬が歩いて縦軸を回して製粉するための小屋

マラムレシュ地方のトウモロコシ貯蔵庫

黒海の近く、コンスタンツァの風車

II-2

村落博物館
Muzeul Satului

首都ブカレスト北部のヘラストラウ公園内にある民家園。正式名称は上記のようにシンプルなもの。1936年にスタートした歴史ある民家園で、当初は4.5haの土地に27棟から始まった。1940〜48年まで戦争による難民の収容のため閉館、1948年、再開時には8.5ha拡張され265棟に達し、この時点で棟数では世界最大規模になる。1989年にはさらに2.85ha拡張される。ルーマニア全域から17〜19世紀までの民家を中心に300棟以上が移築されている。ルーマニアではひとつ山を越すと異なる民家があるというほどバラエティが豊かである。人造湖ヘラストラウ湖に沿って広がる細長い土地に、地域ごとにゾーン分けされている。最近の民家園に比べると農場などのランドスケープが再現されているわけではなく、面積のわりに棟数が多いが、数多くの民家がコンパクトに並んでいて地域差を比較しやすく、見応えがある。

Șos. Kiseleff nr. 28-30, sector 1, București, România
ブカレスト北駅の北約4km
http://www.muzeul-satului.ro/

マラムレシュの民家のゾーン。門や塀が特徴的

モルダヴィア地方スチャヴァの1760年築の民家

1773年築のティミセニ教会

ワラキア地方ブザウの18世紀の民家

091

トランシルヴァニア地方
アルバの1815年築の民家

19世紀初頭のゴルジュの民家。1階はワインや食品の倉庫

トランシルヴァニア地方ハルギタの民家

シゲットマルマツィエイ・マラムレシュ博物館
Muzeul Maramuresului Sighetu-Marmatiei

ウクライナ国境に近い北部マラムレシュ地方の中心の町、シゲットマルマツィエイの郊外にあり、この地域の農家を集めた博物館。1972年にスタート、1981年のオープン。市内にある民族博物館の屋外展示部門になっている。敷地は丘の上に広がり、中心には木造教会が建つ。マラムレシュ地方には独特な民家が多く、急勾配の板葺き屋根で、敷地の周囲に塀を巡らし、大きな門を設ける家が多い。この周辺にもまだ現役の木造民家が残るが、ブロック造の家も増えてきている。

Muzeul Satului Maramuresean str. Muzeului, nr.1（屋内展示）
シゲットマルマツィエイ駅の南東 5km
http://muzeulmaramuresului.ro/?page_id=34

1848年築のアルバの民家。急勾配の板葺き屋根がマラムレシュの特徴

19世紀初頭の民家

マラムレシュの民家には大きな門が建つ

17世紀末のサリシュテア・デ・ススの民家

II-4

バイア・マーレ民族と民俗芸術の博物館
Muzeului de Etnografie şi Artă Populară Baia Mare

ルーマニア北部、マラムレシュ地方の中心都市、バイア・マーレの郊外、見晴らしのよい丘の上にある小規模な野外博物館。隣接するバイア・マーレ民族と民俗芸術の博物館の屋外展示部門に相当する。マラムレシュ地方は民俗学の宝庫で、博物館の企画は1899年に始まっている。屋内展示のオープンは1978年だが、屋外部分、つまり民家園としては面積約12haの土地で1978年にスタート、1984年にオープンしている。花の丘と呼ばれる明るいゆるやかな斜面に、マラムレシュ地方特有の急勾配屋根の民家、教会など約50棟が点在する。

strada Dealul Florilor 1 430165, Baia Mare,
Maramureş, România
バイア・マーレの中心、自由広場の北 500m
http://www.etnografie-maramures.ro/

ラプシュルイ村の1780年築の民家。校倉の間を漆喰で埋めている

バイア・マーレの南
キオラルルイ村の民家

丘の上に17世紀の木造教会が
移築されている

町を見おろす明るい丘の上に
小ぶりな民家が並ぶ

エタル民族建築公園

Архитектурно-етнографски комплекс "Етър"

ブルガリア中部の古い町、ガブロヴォの郊外にある野外博物館で、主に伝統工芸の保存を目的としている。美術収集家ラザール・ドンコフによって1960年に企画がスタートし、1964年にオープンした。川に沿った細長い敷地に水車や小さな学校など、約40棟が街並みを構成しているが、すべてが移築ではなく復元も含まれている。川の水を高いところから落として回転させる洗濯場が珍しい。金銀細工、イコン製作、クルミ油搾油、皮革、織物、靴屋、帽子屋などの実演が用意されている。民俗料理のレストランもある。

Габрово, кв. Етър България
ガブロヴォの南 8km
http://www.etar.org/

1858年築の商人の家。壁に白い柱の絵が描かれている

川の流れを利用した共同洗濯場

ほとんどの屋根は天然スレート

1本道に沿って町家が並ぶ

バトシェヴォ村の民家

道に沿った家並みは木工などのワークショップの場となっている

13-1

ポーランド

サノク民俗建築博物館
Muzeum Budownictwa Ludowego w Sanok

サノク民俗建築博物館という名称とともに、スカンセンという名も正式名称として使っている。ポーランド南東部、ウクライナと国境を接するカルパチア山脈周辺からの移築による。ポーランドには民家園が多数あるが、その中でも最大の規模である。1906年にすでに構想はあったが、1958年に博物館として設立。1966年のオープン。38haの敷地は五つの地域に分けられていて、高低差もあり、変化に富んだランドスケープを構成している。4棟の木造教会を含む100棟以上の建物の保存状態はよいが、1994年の火災で13棟を失っている。建物周辺の畑、木の配置など、ランドスケープデザインはうまく、畑や庭の手入れも行き届いている。規模や見学ルートも適切で、大きさのわりに長時間歩くようなルートにはなっていない。

Aleksandra Rybickiego 3 Sanok, Polska
サノク旧市街の北約2km、クラコフの東約100km
http://www.skansen.sanok.pl/

南部山岳地帯レムコ人の民家

ロペク教会、1801年築

東ポゴルゼニエの教会、1667年築

サノクの北にある台地、西ポゴルゼニエの民家、1897年築

097

東ポゴルゼニエの納屋

13-2

ポーランド

ホジュフ・ゴルノシュロンスキ民族公園
Górnośląski Park Etnograficzny w Chorzów

ポーランド南部の工業都市カトヴィツェの近く、ホジュフの郊外にあるアッパーシレジア地方の民家を集めた博物館。26haの敷地は「くの字」形に細長く、なだらかな高低差があり、絵になる風景が考慮されている。1938年に16世紀の木造教会と17世紀の倉をカトヴィツェの公園に移築保存したのがきっかけとなり、1961年に企画が始まり、最初の移築は1964年、オープンしたのは1975年。現在は102棟に達する。他のポーランドの博物館と同様、ランドスケープデザインは優れている。畑や果樹園、樹木の配置などは、実際に村を歩いているように感じ、家畜が放牧されている丘の起伏はまるで自然の地形のように見えるが、平坦な土地からの大規模な造成によって造られているところが興味深い。

ul. Parkowa 25 41-500 Chorzów Poland
カトヴィツェの北西約5km、クラコフの北西約83km
http://skansen.chorzow.pl/

羊飼いの小屋が集められているゾーン。人工の森とは思えない

19世紀の農村風景を再現した一角

数棟で農家の配置を構成しているが必ずしも同じ場所からの移築ではない

18世紀の大型穀物倉庫

19世紀初頭の大農園の建物群

2度目の移築でここへ来た1791年築の教会

13-3

ルブリン野外博物館
Muzeum Wsi Lubelskiej

世界遺産の町ルブリンの郊外にある、東部ポーランドの民家を移築保存する大きな民家園。1960年に企画がスタート、1975年に現在の土地に決まり、1976年に風車が移築されて工事が始まり、1979年にオープンしている。約27haの敷地は地方別に七つのゾーンに分けられているが、まだ完成していない部分も多い。約180棟が予定されているが、現在はまだ約50棟で拡張中である。2008年にはユダヤ人の生活を見せるゾーンがオープンしている。実際にミサを行っている教会や、18世紀、19世紀の領主の館や風車などがある。敷地は高低差に富んでいて、植生や池の配置などランドスケープデザインは優れている。ポーランドには民家園が多く、特に南部に集中している。

Aleja Warszawska 96 Lublin, Polska
ルブリン旧市街の西 5.5km
http://www.skansen.lublin.pl/

19世紀の農家。母屋、納屋、馬小屋などから構成される

タルノシェナのギリシャカトリック教会、1759年築

ルブリンの南プワジェクの井戸

101

池のほとりの農家では家畜を飼っている

19世紀荘園領主の邸宅

13-4 ノヴィソンチ・ソンデスキ民族公園
Sądecki Park Etnograficzny/ Nowy Sącz

広さ20ha、カルパチア山脈を含む、ノヴィソンチ地域を中心とするポーランド南部の民家を集めた博物館。1969年のオープン。敷地は細長く高低差があり、四つの地域に分かれていて68棟移築されている。全体に保存状態はよく、ゆるやかな丘を登るアプローチ、建物周辺の畑、木の配置などランドスケープデザインはよくできていて、畑や庭の手入れも行き届き、実際の村を歩いている感じになる。北、東に増設する予定があり、近い将来現在のエントランスの逆側をメインエントランスにする計画がある。

33-300 Nowy Sącz, ul. B.Wieniawy-Długoszowskiego 83 b Polska
ノヴィソンチ中心部の東約 3.5km、クラコフの南東約 90km
http://www.muzeum.sacz.pl/47,Skansen_regionalny__Sadecki_Park_Etnograficzny.htm

裕福な農家の穀物倉庫

19世紀の典型的な低所得層の民家

13-5

リポビエッツ城ヴィスワ民族公園
Nadwiślański Park Etnograficzny/ Wygiełzów Lipowiec

クラコフとオシビエンツム（アウシュビッツ）の間、リポビエッツ城の遺跡近くの町、バビーチェにある小規模な野外博物館。1968年に企画がスタート、1973年にオープンしている。ポーランド南部の民家25棟が移築されている。中心には1623年築の教会があるが、多くは18世紀〜19世紀前半の建物。約5haの敷地は細長い斜面で、眺めがよい。ランドスケープデザインはうまく、全体に保存状態はよく、畑や庭の手入れも行き届いている。入口には郷土料理のレストランがある。

ul. Podzamcze 1
Wygiełzów 32-551 Babice Polska
クラコフの西約 50km
http://www.mnpe.pl/

18世紀の納屋。平面は八角形

ローマカトリックの教会
低い塀で囲まれている

13-6

オフラ・ジエロナグーラ民族博物館
Muzeum Etnograficzne w Zielonej Gŏrze z siedzibą w Ochli

ドイツ国境に近い街、ジエロナグーラの南、オフラ村にある。ジエロナグーラ周辺地域を中心とするポーランド西部の民家を移築した小規模な民家園。入口を入るとすぐ池が二つあり、その間を通って村にアプローチするという演出はうまい。面積は13ha、保存建物は29棟で1本道の両側に家が並ぶ。実際の村のように見えて、絵になる配置が考慮されている。この付近はこれより西のハーフティンバーの地域と東の校倉造の地域の中間にあたり、両者が見られるだけでなく、壁は校倉造で屋根は壁の外側に立つ柱が支えるという1棟に二つの構造が混在するものが見られる。

66-006 Ochla; Muzealna 5, Polska
ジエロナグーラ駅の南西 9km
http://www.muzeumochla.pl/

構造壁と柱が混在するスタイルは18世紀末から19世紀初頭に生まれた

ナドヴァルチャイスキフ村の農家。納屋や厩舎が大きい

マルチヌフの18世紀の民家。切妻が道に面する

13-7

ズュブルツァゴルナ・オラヴァ民族公園
Orawski Park Etnograficzny / Zubrzyca Górna

1937年に企画がスタート、1955年オープン、ポーランド南西部、スロヴァキア国境に近いカルパチア山脈、オラヴァ地方の民家46棟を集めた博物館。面積は4ha。山中の孤立した地域のため、周辺地方との交流が少なく、民家の形状も独特なスタイルを見せる。日本の兜造に似た大きな板葺き屋根と、物置である2階部分にバルコニーが付くのが特徴。製材所、鍛冶屋なども移築されている。亜麻仁油の製造、亜麻の織物などのワークショップが開催される。

34-484 Zubrzyca Górna; 388 Polsaka
クラコフの南約85km
http://www.orawa.eu/

1788年築の家の前には伝統的なハーブ畑がある

18世紀の民家。二重の屋根はポーランド特有

19世紀末ポドヴィルクの宿屋

14-1

スロヴァキア

マルティン・スロヴァキア村博物館
Múzeum Slovenskej Dediny

スロヴァキア西部の小さな町マルティンの郊外にある大規模な博物館。国立民俗学博物館の分館として1967年にオープンした。企画そのものは1896年から始まっている。15.5haの土地に143棟移築されている。アプローチの森の中を歩いた先に入口があり、森の向こうに昔の世界が広がるという演出がデザインされている。地方別に四つのゾーンに分けられている。スロヴァキア全域の建物を集めることを目標にしていて、現在も拡張が続けられている。広葉樹系木材による校倉造に板葺き屋根が主で、木の上から土壁を塗っているものもある。丘の上には小さな木造教会がある。畑では薬用植物や伝統的な農作物を栽培している。

Jahodnícke háje Martin Slovakia
マルティンの南約 3km
http://www.skanzenmartin.sk/

19世紀オラヴァ地方の民家

実際の村のような道

オラヴァ地方の民家

村はずれの祠

ルドノのローマカトリック教会、1792年築

道に直交して並ぶリプトフ地方の家並み

14-2

オラヴァ村博物館
Múzeum Oravskej Dediny

スロヴァキア北部、ポーランド国境に近い町ズベレツにある、オラヴァ地方の山岳地域の民家を集めた博物館。1902年から企画はあったが、1967年に建設が始まり、オープンしたのは1975年。針葉樹の森を背に谷の小川に沿って約50棟配置されている。ほとんどが校倉造、板葺き屋根で、地域ごとに五つのクラスターに分けられ、実際の山村のようなたたずまいを見せる。高低差の利用などランドスケープデザインはうまい。入口前に伝統料理のレストランがある。

Zuberec-Brestová, 027 32 Zuberec Slovakia
リプトフスキーミクラシュの北約35km
http://muzeum.zuberec.sk/

周辺各地から集められた民家が村のように並ぶ

ポドビエルの民家。敷地は斜面に沿って広がる

19世紀ズベレツの納屋

オラヴァ地方の中でも標高が低い地域の民家を集めたゾーン

109

17世紀末〜18世紀初頭のヴェリチナの民家

墓地の礼拝堂のレプリカ

14-3

プリビリナ・リプトフ村博物館
Múzeum liptovskej dediny v Pribiline

スロヴァキア北部、タトラ山地のふもとのプリビリナ村にある、リプトフ地方の民家を集めた小規模な博物館。1965〜75年に建設されたリプトフスカ・マラ・ダムによって水没する民家の移築がきっかけになっているが、建設に約20年かかり1991年にオープンした。ひとつの村落を構成するように配置されていて、初期ゴシックの教会がある。各建物の建築年代はさまざまだが、内部の展示は20世紀初頭をモデルにしていて、猟に明け暮れた階層と貧しい農民の生活を同時に見せ、時代の断面を見せている。またかつて飼っていた品種の山羊、馬など家畜の飼育にも力を入れている。

03242 Pribylina Slovakia
プリビリナ村の北約1km、
リプトフスキーミクラシュの東約20km
http://www.liptov.sk/muzea/pribylina.html

チェルノヴァの小作人の家

リプトフスカマラの教会、1288年築

鍛冶屋・靴屋・仕立屋などが並ぶ

14-4

ルボヴナ野外民族博物館
Ľubovnianske múzeum Národopisná expozícia v prírode–skanzen

スロヴァキア北部の町、スタラルボヴナを見おろすルボヴナ城のふもとにあり、プレショフ地方の民家を集め、その生活を見せる野外博物館で、ルボヴナ城博物館の一部としての民家展示ゾーンという位置づけ。1985年にオープン。1833年築の木造ギリシャカトリック教会をはじめ、小さな学校、水車、鍛冶屋、民家など25棟が並ぶ。そのほとんどが校倉造に板葺き屋根。この地域はスロヴァキア、ドイツ、ポーランド、ユダヤと多様な民族が生活し、それぞれの文化が混在している。

Zámocká 768/22 06401 Stará Ľubovňa,
Slovenská republika
スタラルボヴナ駅の北東約2.5km、プレショフの北西約70km
http://www.muzeumsl.sk/en/expozicie/narodopisna-expozicia-v-prirode-skanzen/

ヴェルキイリブニクの民家、1922年築

ギリシャカトリック教会、1833年築

なだらかな斜面に羊飼いの家や農家など小規模な民家が並ぶ

14-5

スロヴァキア

バルデヨフ民俗建築博物館
Skanzen-Múzeum ľudovej architektúry Bardejovské Kúpele

スロヴァキア東部、世界遺産である古都バルデヨフの郊外に古くから知られる温泉療養地がある。そこでの観光を考えて企画された博物館で、1920年代に1730年築のミクラショーヴァの木造教会を移築することがきっかけとなる。1960年から1965年にかけて民家を集め、民家園となった。約1.5haの敷地に24棟と小規模だが、スロヴァキアで最も古い民家園である。隣棟間隔は近いが、保存状態は良好で美しく維持されている。1967年に移築された1766年築のツボイの木造教会も貴重な遺産である。

086 31 Bardejovské kúpele, Slovakia
バルデヨフ中心部の北約6km
http://www.muzeumbardejov.sk/expozic/skanzen.htm

バルデヨフの南ハルハジ村の祠

ツボイの教会、1766年築

ミクラショーヴァの教会

14-6 スヴィドニク・ウクライナルシン文化博物館
Múzeum ukrajinsko-rusínskej kultúry vo Svidník

スロヴァキア北部、ウクライナ西部、ルーマニア北部などカルパチア山脈一帯に住むスラヴ系ルシン人の生活と文化を展示する国立博物館の屋外民家展示部門で、ポーランド国境に近い町、スヴィドニクにある。面積は約11ha、25棟と小規模だが、民族文化の保存にとっては重要な施設で、敷地内の野外劇場では年1回スロヴァキアに住むルシン人が集まるイベントが開催される。ノヴァ・ポリアンカ教会はスヴィドニク近郊にあった1766年築の木造建築で、1961年に崩壊したものを1986年、園内に移築復元している。

Festivalová, Svidník Slovakia
スヴィドニク中心部の西1km
http://www.muzeum.sk/?obj=muzeum&ix=murk_nep

19世紀後半の農家。右は石造の倉

スロヴァキア北東部から集めた民家

ノヴァ・ポリアンカの教会

屋根が上下する干し草の貯蔵小屋

15-1

プジェロフ・ナド・ラベム・エルベ民族博物館
Polabské Národopisné Muzeum Přerov Nad Labem

プジェロフ・ナド・ラベムのラベは北海へ注ぐエルベ川（ドイツ語）のことで、エルベ川沿いのプジェロフという意味。この博物館の歴史は古く、この地プジェロフ・ナド・ラベムを治めていたトスカナハプスブルグ家のルードウィッヒ・サルバドールが、1891年、プラハで展示された「チェコのコテージ」に影響を受け、18世紀初頭の鍛冶屋と町議会議長の家を購入し、自分の城の隣に移築したことが起源となる。その後中央ヨーロッパで最も古い野外博物館となるが、1939年ドイツのチェコスロヴァキア占領により休館。1967年に再開し、以後拡大を続け、1982年には隣接する一段低い土地へ敷地を広げ、現在2.5ha、32棟の建物と2万点の民具が蒐集されている。その対象範囲は18～20世紀前半まで広げられた。

289 16 Přerov nad Labem, okr. Nymburk
プラハの東約30km、リサー・ナド・ラベムの南約6km
http://www.polabskemuzeum.cz/prerov-nad-labem/vystavy

1800年頃の民家

1766年築、当時のこの地方で一般的なタイプ

19世紀初頭の納屋

農具のコレクションが豊富。奥は18世紀の穀物倉庫

オリジナルは1760年築、窓などを変えた1860年の状態で保存

オリジナルは1785年築、19世紀後半に改造された姿で保存

18世紀前半のボヘミアの民家
石造だが屋根を支える柱が立つ。手前は鳩小屋

15-2 チェコ

ロジノフ・ポド・ラドホシテム・ヴァラキア野外博物館
Valašské muzeum v přírodě v Rožnově pod Radhoštěm

温泉保養地として栄えたチェコ北部にある町、ロジノフにある民家園。1911年にロジノフ博物館学会が設立され、1913年には野外博物館の企画が始まる。戦争で中断するものの、広場を囲む町屋群が完成し、1925年にはヴァラキアの民俗祭典が開催される。1950年代にスタートした40棟からなる村のゾーンは、旧役場など町の中心部からの移築により約10年かけて完成。1962年には道の反対側の丘に農場のゾーンがオープン、農業技術の保存にも力を入れていて、100種以上の果樹はかつて栽培されていた品種をかつての方法で再現、またウールもかつての方法で処理している。家畜の飼育、鑑賞用の花の栽培など農業景観を丸ごと保存している。さらに1982年には製材や粉ひきの水車がある渓谷のゾーンが完成している。

Palackého147, 756 61 Rožnov pod Radhoštěm
ロジノフ・ポド・ラドホシテム駅の東 1.5km
http://www.vmp.cz/

1770年築の旧市役所

ヴィエトルシコヴィツェの教会を1945年に再建したもの

17世紀初頭の宿。太い柱の上に校倉造が乗る豪快な造り

117

広葉樹材による校倉造に板葺きの大屋根

温泉に来る人に部屋を貸していた1750年築の家

収穫した果物の貯蔵庫、1882年築

祈りの時間・火災・嵐・死などを知らせていたベルタワー

スカンセン・センテンドレ野外博物館
Skanzen szentendrei Szabadtéri Néprajzi Múzeum

ブダペストの北、センテンドレ郊外にあるハンガリー全域から民家を移築した民家園。広さ46ha、ストックホルムのスカンセンがオープンした直後の1896年から構想はあったが、1967年に具体的な企画がスタート、1972年にオープンしている。スカンセンを正式名称として使っている。保存状態は良好で、ランドスケープデザインも実際の村のように見せる配置が考慮されている。展示は18世紀後半から第一次大戦までに焦点を合わせている。壮大なマスタープランがあり、最終的には300棟規模になる予定。現在も拡張を続けていて、2000年にバラトンアップランドのゾーン、2010年には北部ハンガリーのゾーンがオープンしている。また古い建物を所有している人に対して維持管理、改修に関するアドバイスを行い、必要があれば現地訪問するサービスも用意されている。

H-2000 Szentendre, Sztaravodai út, Pf.:63
センテンドレの北西約5km
http://skanzen.hu/

ハンガリー北西部キシャルフルドの民家。ルネサンス風の破風が付く

ウスツカのパン焼きの竈

アッパーティサ地方のトウモロコシの倉庫

量に合わせて屋根が上下する干し草の貯蔵庫

西トランスダヌビア地方の民家。校倉造の上から土壁を塗る

バラトンアップランドの民家

西トランスダヌビア地方の民家

17-1

ドイツ

デトモルト野外博物館
LWL-Freilichtmuseum Detmold

デトモルト郊外にあるノルトライン・ヴェストファーレン州の民家を集めた博物館。自治体の連合団体であるヴェストファーレン・リッペ地方連合（LWL）による運営。1960年に企画がスタートし、1971年のオープン。90haの敷地は起伏があり、地方ごとにかなりゆったりとゾーン分けされていて、約100棟の民家の保存状態はよい。再建を待つ材料の山があり、そのために用意されている敷地も広い。ランドスケープデザインもうまく、農地や庭園が再現されている。家畜も多く、ドイツで最も古い品種の馬が飼育されている。広い園内の一角には「村に電気が通じた頃」をテーマにしたコーナーがあり、民家の建築当初とは異なる時代を再現しているのが興味深い。

Krummes Ohr, 32760 Detmold Deutschland
デトモルト駅の南約 2.5km
http://www.lwl.org/LWL/Kultur/LWL-Freilichtmuseum-Detmold/

1577年築のパーダーボルンの裕福な農家

1619年築の隠居した夫婦が住む小さな家

1738年築、教会と学校が一体化している

ヘクスターの農家。入口のアーチに1614年と書かれている

1673年築のニーンブルグの農家。妻面中央に大きな入口があるのがこの地域の特徴

17-2 ヘッセンパーク野外博物館
Freilichtmuseum Hessenpark

フランクフルトの北、ノイアンスパッハの郊外にある大規模な博物館。ヘッセン州の民家、歴史の展示を中心とする。1974年、ヘッセン州立の博物館としてオープン。ゆるやかな起伏がある約60haの土地に約100棟移築されている。屋内展示も充実している。ほとんどがハーフティンバーの民家で、ゲートの外にも保存建物があり、レストラン、ショップなど街並みを構成していて、広場では定期的にチーズや野菜の市が開催される。18世紀末の生活を見せる演劇や多数のガイドツアーがあり、教育に関わるプログラムが多いのが特徴。当時の夜がいかに暗かったかを体験する夜警ツアーも企画されている。

Freilichtmuseum Hessenpark GmbH Laubweg 5
61267 Neu-Anspach / Taunus
フランクフルト・アム・マインの北約 30km
http://www.hessenpark.de/

広場を囲むヘッセン州中部の民家

再建のために仮組みしている材料

左側は1682年築、入口をはさんで右側は1800年の増築

1737年築のオストハイムの民家。屋根にはコウノトリの巣

17-3

シュレスヴィヒホルシュタイン野外博物館
Schleswig-Holsteinisches Freilichtmuseum

ドイツ北部、デンマークに隣接するシュレスヴィヒホルシュタイン州の州都キールの郊外にある、州内の民家を集めた大規模な野外博物館。1934年に企画がスタートし、1965年に13の建物の博物館としてオープン。細長い敷地はゆるやかな起伏がある。民家だけでなく裁判所、メリーゴーランドや乳製品工場などの大規模な建物もあり、パーティ用に貸し出している家もある。全体に保存状態はよい。16～20世紀のものまで72棟が移築されていて、敷地面積は約24ha、さらに20haの増設予定がある。

Hamburger Landstraße 97 24113 Molfsee, Deutschland
キール中央駅の南西約6km
http://www.freilichtmuseum-sh.de

1797年築のバルスベクの民家

1650年築、農家の両親が相続しなかった子どもとともに住む家

1766年築、建物全体を回転させて風に向かわせる初期の風車

1781年築、馬車が入る中央の大きな入口はこの地方の特徴

125

落とし板造りの倉、1629年築

18世紀の巨大な納屋が並ぶ

テシェンドルフの納屋、1760年築

広大な敷地には大きな池が二つある

17-4

バイエリッシャー・ヴァルト博物館村
Museumsdorf Bayerischer Wald

オーストリア国境に近い町パッサウの北の山中の町、ティットリングの西にある。この地でリゾートホテルを開設しようとしたゲオルグ・ホルトリは1973年、解体されそうになった1棟の水車小屋を買い取った。これがきっかけとなってスタートし、1974年にオープン。その後拡張を続け150棟を有する規模になった。チェコとの国境地帯でもあるこの山地はバイエリッシャー・ヴァルト（バイエルンの森）と呼ばれ、チロル地方の民家に影響を受けたスタイルの家が多い。校倉造にゆるい勾配の板葺き石置き屋根が基本になっていて、軒先のディテールは日本の民家にも似ている。

Museumsdorf Bayer.
Wald Am Dreiburgensee 94104 Tittling
パッサウの北約25km、ティットリングの西3km
http://www.museumsdorf.com

この民家園設立のきっかけになった赤ずきんの水車小屋

1710年築、板葺き石置き屋根のディテールは日本とよく似ている

16〜17世紀の日雇い労働者の家。最後には鶏小屋になっていた

1732年築、チロルとよく似た緩勾配妻入りの民家

14世紀にまで遡る鍛冶屋の水車

大型の製材用水車。泊まり込むための部屋が付いている

17-5

ドイツ

コメルン・ライン野外博物館
Reinisches Freilichtmuseum Kommern

ケルンの南西、メッヒャーニッヒにあるラインラント地方の民家、歴史の展示をする大規模な博物館。1958年に企画がスタート、1961年のオープン。広さ95haの敷地は地方別に四つのゾーンに分かれていて、大きな企画展示用ホールが二つある。ゆるやかな起伏があり、森と草原がある。移築されているのは民家だけでなく、学校、教会、風車など約65棟の保存状態は良好で、畑の作物や家畜の種類が多い。

Eickser Straße, 53894 Mechernich, Deutschland
ケルンの南西約50km
http://www.kommern.lvr.de/freilichtmuseum/

ハンフ村の民家。右側が1688年築の居室、1722年に左側に納屋を増築

1780年築、二つの臼を同時に使って製粉する風車

1687年築のビルクハイムの民家
かなり太い材料を使っている

コメルンの近くにあった
小さなチャペル、1783年築

1739年築の納屋

ボン近郊のボルンハイムの民家。1556年築
1785年に納屋を増築

17-6 シュペッケンビュッテル野外民俗博物館
Volkskundliches Freilichtmuseum Speckenbüttel

ヴェーザー川の河口の町ブレーマーハーフェンの郊外にある1908年オープンの民家園。敷地は広大な森林を有する市立公園の中にあり、他に温水プール、グラウンドなどの施設が点在している。民家は公園内に分散して配置されていて、それぞれの敷地面積は広くはない。保存されているのは17世紀の民家2棟とその付属建物、18世紀の豪農の民家、風車だけだが、サポートメンバーの寄付によって運営され、イベントやパーティ、結婚式場などとしてレンタルされるなど、市民に活用されている。

Marschenhausweg 2, 27580 Bremerhaven, Deutschland
ブレーマーハーフェン中心部の北約5km
http://www.bauernhausmuseum-bremerhaven.de/

羊小屋。奥に見える屋根は使用人の家

製粉の動力のために馬が軸を回す小屋

17世紀の農家と付属建物

ミュンスター・ミューレンホフ野外博物館
Mühlenhof Freilichtmuseum Münster

ドイツ北西部、ノルトライン・ヴェストファーレン州ミュンスター近郊の民家を集めた博物館で1961年のオープン。約2haの土地に、主に18世紀の民家が約30棟移築されている。小規模ではあるが、このような規模の民家園はドイツ各地に多数見られる。敷地は平坦で、隣棟との間は近い。内部は展示や他の機能に改造しているものが多く、納屋には古いトラクターの展示がある。また、パーティ会場や結婚式場として建物を貸し出すサービスを行っている。

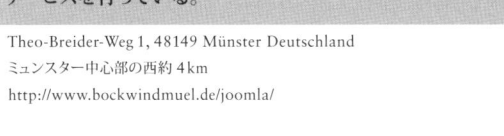

Theo-Breider-Weg 1, 48149 Münster Deutschland
ミュンスター中心部の西約4km
http://www.bockwindmuel.de/joomla/

1793年築、当初は穀物倉庫で後に住居になった

18世紀の守衛詰所

ヴェストファーレン州最古の風車

17-8

ドイツ

フォグツバウエンホフ・シュヴァルツヴァルト野外博物館
Schwarzwälder Freilichtmuseum Vogtsbauernhof

ドイツ南部、グートアッハタールにあるシュヴァルツヴァルト地方の民家を集めた博物館。1963年に企画がスタート、1964年にオープン。5.5haの敷地に19棟移築されている。この地方の民家は日本の兜造を思わせる美しい草葺きの大屋根が多い。小屋裏は納屋になっていて、スロープで馬車がそのまま入れるようになっている豪快な造り。敷地は農村景観の一部を切り取って民家園としているため、周辺のランドスケープと違和感なくつながっている。子ども向けのプログラムも多く、民家で子どもの誕生パーティを開くこともできる。

Vogtsbauernhof 1 77793 Gutach im Breisgau, Deutschland
ハウスザッハ駅の南約2.5km
http://www.vogtsbauernhof.org/

1階は石造、大きな屋根裏は裏から馬車ごと入る納屋

1570年築、壁は柱に厚板をはめ込んでいる

主家と同じかたちの穀物倉、1746年築

川に沿って巨大な屋根が並ぶ風景は迫力がある

17-9 クロッペンブルグ博物館村
Museumsdorf Cloppenburg

クロッペンブルグを中心としたニーダーザクセン州の民家の博物館。1934年に企画がスタートし、1936年にオープン。第二次大戦で破壊され、1961年に再びオープン。20haの敷地は平坦で中央部に池がある。森と牧草地が多く、50棟以上移築されているが、隣棟間隔は若干近い。民家は18世紀頃のものが多い。妻面の中央に入口があり、家畜や馬車と同じ空間に暮らすハレンハウスと呼ばれるタイプが中心。これらの民家は正面が家畜の空間になるため、窓が少なく、ハーフティンバーの格子が細かいため、ファサードには独特の迫力がある。

Bether Straße 6 49661 Cloppenburg, Deutschland
クロッペンブルグ駅の北約1km
http://www.museumsdorf.de/

1879年オランダの大工によって建てられた風車

1750年築の大農場の巨大な民家

クロッペンブルグの北ザターラントの八角形平面の民家

18-1

オーストリア

グロースグマイン・ザルツブルグ野外博物館
Salzburger Freilichtmuseum in Großgmain

ザルツブルグの郊外、50haの敷地をもつ広大な野外博物館。1978年から計画が始まり、6年後の1984年にオープン。ザルツブルグ州の16〜20世紀の民家を集めている。地方ごとに五つのゾーンに分かれているが、それぞれ敷地に余裕をもって建てられている。特にピンツガウ地方のゾーンは、オリジナルの敷地を再現するためもあって起伏が大きい。ザルツブルグ州立の施設だが、まだ完成はしていない。保存、再現の状態は極めて良好で、美しく維持されている。トラクターや木製の塀のコレクションもあり、また最近、軽便鉄道が開通し、園内を年代物の小さなディーゼル機関車が走行を始めた。

Hasenweg, A-5084 Grossgmain, Austria
ザルツブルグ中央駅の南西約 14km
http://www.freilichtmuseum.com/

ザルツブルグ州西部ピンツガウの民家、1569年築

1,2頭の牛を飼う小規模な農家。18世紀の建物で右手奥4分の1が納屋

農場の柵が各種再現されている

1862年築、幅は広いが後ろ半分は納屋になっている

高低差がある森の中に配置されている

妻入りの民家が多い地域だがこれは平入りになっている

ザルツブルグ東部ルンガウの青い壁の民家

チロル農村博物館
Museum Tiroler Bauernhöfe

美しい小さな町ラッテンベルグの近く、クラムザッハにあるチロル地方の民家を集めた博物館。緩勾配の板葺き石置き屋根という典型的なチロルスタイルの民家が数多く集められている。同じチロル地方でも谷ごとに微妙に異なる形態が見られる。1974年、チロル各地の谷から14棟の移築をすることから始まった。8haの敷地は中央部に池があり、高低差を生かした牧草地のランドスケープはとてもよく整備されていて、まるで絵葉書のような景観が続く。現在二つの小さな教会と学校を含む約30棟が移築されているが、将来50棟規模になる予定。

Angerberg 10, 6233 Kramsach Austria
ラッテンベルグの北東約6km、インスブルックの北東約50km
http://www.museum-tb.at/

典型的なチロルの民家。緩勾配の板葺き石置き屋根が並ぶ

1577年築、ドイツ国境近く
クーフシュタインの民家

1570年築
南チロルの大屋根

1687年築
石造と木造のバランスが美しい

上：1675年築のアルプバッハの民家　下：急斜面に建つ南チロルの17世紀の民家。納屋と住居が一体化している

18-3

オーストリア

ステュービング・オーストリア野外博物館
Österreichisches Freilichtmuseum Stübing

オーストリア全域からの移築による大規模な博物館。最初の企画は1908年に始まっているが、32棟の建物でオープンしたのは1970年のこと。細長く広がる約60haの敷地に、地方ごとに分かれて配置されている。現在は97棟。順路はわかりやすく、森林や牧草地、畑などのランドスケープもよくデザインされている。谷沿いに配置されているため、民家の背景に美しい森が見えていて絵になる場面が多い。伝統行事の再現や伝統工芸の体験、パン焼きなどのプログラムも豊富に用意されている。

8114 Stübing Austria
グラーツの北 15km
http://www.freilichtmuseum.at/

ニーダーエスターライヒ州の邸宅の納屋

1631年築、ザルツブルグ州の民家

屋根が2重になった樵の小屋

18世紀ケルンテン州の民家で構成される農村風景

1775年築、シュタイアーマルク州の民家

1階の仕上げはモルタルを欠き落として模様を付けるスグラフィート

シュタイアーマルク州エンスタールの納屋

バレンベルグ野外博物館
Freilichtmuseum Ballenberg

インターラーケンの近く、湖畔の町ブリエンツの郊外にあるスイス唯一の野外博物館。1968年にこの敷地での企画がスタート。1978年に国立の博物館としてオープン。66haの敷地は地域別に13のゾーンに分けられていて、スイス全土からの移築による100棟以上の建物が建つ。スイスは地方によりいろいろなタイプの民家があり、ここに並ぶのも校倉造、ハーフティンバー、石造とバラエティ豊かで、保存状態も良好で充実している。園内では伝統的なチーズやパンを販売している。1996年から家畜を飼育するようになり、生活感の展示がより充実した。冬場は閉まる。移築後に火災で焼失した建物が1棟あるが、木造建築がつねに火災のリスクを負っていたことを見せるために、あえて焼け跡のまま保存している。また、民家のリノベーションの実例として、現代的な内装にした家も展示している。

Museumsstrasse 131 CH-3858 Hofstetten CH
ブリエンツの東 3.5km
http://www.ballenberg.ch/

1515年築のティッチーノ州の穀物倉庫。屋根は石で葺かれている

1797年築のベルン近郊オスタームンディゲンの民家。3階の窓はだまし絵

農家の若い世帯の家。ベルン州では
主屋の近くに別棟を建てて住むことが多かった

建物を見せる向きにも配慮している園路のデザイン

北部アールガウ州特有の
草葺き大屋根の民家。右1609築、左1803築

20-1

アルザス・エコミュゼー
Ecomusée d'Alsace

1970年代に、この地方の古い農家の修復をしていたボランティア団体の活動が設立のきっかけとなっている。ウンガースハイムの自治体から約10haの敷地を寄付されて、1984年にオープン。70棟以上の建物を有する規模になった。インテリアは当時の姿に復元されているものも、展示空間として現代的にデザインされているものもある。壁を塗らずに軸組みだけで見せている建物もあり、体験プログラムなど教育的な配慮が重視されている。また、自然環境の保全にも力を入れていて、屋根の上にはアルザスで多く見られたコウノトリの巣のための台が設けられ、湿地を舟で巡るルートも設けられている。かつて飼われていた品種の家畜の飼育とその解説も充実している。現在、隣接する廃鉱跡も取り込む計画がある。

chemin Grosswald 68190
Ungersheim 03 89 74 44 74 France
ミュールーズの北約 13km
http://www.ecomusee-alsace.fr/

コウノトリが多数営巣している

穀倉地帯ホートアルザスの大規模な農家の納屋。カバーはこの建物

ほとんどの民家はハーフティンバーで屋根にコウノトリの巣を乗せる

12世紀末から13世紀の神聖ローマ帝国領時代の要塞化された邸宅

大型の製材用水車

20-2 グランドランド・エコミュゼー・マルケーズ
Ecomusée de la Grande-Lande Marquèze

ボルドーの南の小さな町、サブルから廃線を利用した専用列車でアプローチする。1970年のオープン。130haにおよぶ広大な敷地は、かつてヒースの荒野に松の植林をした土地で、民家園に相当する部分は約20ha、廃村になった旧マルケーズ村の民家を中心に保存されている。19世紀ガスコーニュ地方の農村風景を再現している。農業、大工、松から採る天然樹脂レジンの生産などかつてのこの土地の伝統産業の保存を中心とする。2008年には屋内展示や会議場などを持つ大きなパビリオンがオープンしている。フランスにはエコミュゼーが多数あるが、すべてが民家の保存をしているわけではない。

101 Rue Jacques Désert, 40430 Luxey, France
サブルの北西約4km、ボルドーの南約85km
http://www.parc-landes-de-gascogne.fr/1-16529-Presentation.php

1900年頃の民家。後側は寄棟になっている

19世紀初頭の縦軸回転の水車

川の流れは緩い。奥に見えるのが水車

高床式のニワトリ小屋

民家の入口は東向きで中央に屋根付きのポーチが付く

家畜小屋

21-I

ボックレイク野外博物館
Openluchtmuseum Bokrijk

ベルギーは北部フラマン行政政府と南部ワロン行政政府に二分され、民家園もそれぞれにひとつずつある。ボックレイク野外博物館は北部フラマン語が公用語である地域を対象とした民家園で、ブリュッセル万博の年に合わせて1958年にオープン。敷地は約95haと広く、平原と森があり、四つのゾーンに分けられている。園内は3両連結のバスや馬車が走っている。115棟の民家は木造だけでなく、石造建築も多い。家畜や、農場での栽培作物の種類も多く、屋内の展示内容もバラエティに富んでいる。アトラクションも多く、教会ではミサを行っている。市街地のコーナーはかなり大きな建物が並んでいてすでに十分見応えがあるが、さらに拡張予定がある。警備員が昔の警官の服装で古い自転車で見回っている。ブリュッセルから約80kmあるが、最寄り駅まで直通電車もあり交通の便はとてもよい。

Domein Bokrijk Bokrijklaan 1 3600 Genk België
ハッセルトの東約8km、ブリュッセルの東約80km
http://www.bokrijk.be/

とても移築によって集めたとは思えない石造の街並みが広場を囲んでいる

オーストフランデン州の18世紀の民家

ベルギー北東部エリコムの水車、1702年築

ケンペン地方のゾーン。森に囲まれた農地

18世紀ハウトハーレンの納屋

ベルギー北部ケンペンの民家

1735年築、ウェストフランデン州ロッペムの民家

21-2

ベルギー

ワロン農村生活博物館
Musee de la Vie Rurale Wallonie

ベルギー南部、ワロン語圏の民家を展示する博物館。1971年にオープン。40haの敷地はほぼ平坦だが、森によって地方ごとにゾーン分けされていて、全貌が見渡せないようになっている。しかし、そのゾーンにはまだ建物がないところもある。インテリアの展示は、あえて散らかった感じが演出されている。敷地の広さのわりに、建物数はまだ少ない。建物は18世紀のものが多いが、インテリア、生活の展示は19世紀が基準になっている。ハーフティンバーが多いが、石造も移築されている。農家を改装した本格的なレストランがある。近くには鉄のミュージアムがあり、周辺の自然環境も含めてフォルノー・サンミッシェル博物館の一部になっている。

6870 Saint-Hubert België
リエージュの南約70km、サンテュベールの北約8km
http://www.fourneausaintmichel.be/page/mindex.php

ベルギー南部ロレーヌ地方の民家
右半分は受付になっている

中部アルデンヌ、マルボワザンの18世紀の民家。壁も草葺き

フランス国境の近く、コルビオンの民家

ドイツ国境の近く、ファルニエールのチャペル

オランダ野外博物館
Nederlands Openluchitmuseum

ドイツ国境に近い都市、アーネムの郊外にある、オランダ全土の建築、生活を展示する大規模な野外博物館。1918年に六つの建物でオープン。敷地にはゆるやかな起伏があり平原と森がある。中央部に池があり、民家だけでなく、工場、造船所、はね橋など、建築の種類は豊富。各時代の生活史が中心で、家具、民具の展示などが充実している。戦災で廃止になったアーネムの路面電車を復元し、園内を走らせている。敷地面積は44ha、展示も多彩で見応えがある。エントランスホールは、建築家集団メカノーの設計による現代建築であるが、この民家園にふさわしい空間を造っている。

Schelmseweg 89, 6816 SJ Arnhem Nederlands
アーネム駅の北約3.5km、アムステルダムの南東約100km
http://www.openluchtmuseum.nl/

1750年築のマルケンの漁家

19世紀の灌漑用小型風車

1358年築の跳ね橋

オランダ北部ザーン周辺の19世紀の店舗などが並ぶゾーン

エントランスホール。伝統的なレンガのパターンを使っている

18世紀初頭のデルフトの風車。1921年にはすでにここに移築されている

22-2

エンクハイゼン・ゾイデルゼー博物館
Zuiderzeemuseum Enkhuizen

エンクハイゼンを中心とするノルドホランド州地方から約130棟を集め、生活史の展示をする博物館。1948年にオープンした別棟の屋内展示をする民俗博物館とセットになっている。民家園の部分は1983年のオープン。展示は1880～1932年までに焦点を合わせている。敷地は海に近く、張り巡らされた運河に沿って並ぶのは民家だけでなく、造船所や工場なども集められている。一部の建物はレプリカだが、保存状態はどれも良好。どの建物も少し前まで人がいたかのように見せていて、生活感を演出するデザインがうまい。順路がはっきりしないが、そのことがかえって実際の村のように見せている。

Wierdijk 12-22 1601 LA Enkhuizen, Nederland
アムステルダム中心部の北東 55 km
http://www.zuiderzeemuseum.nl/

運河の奥には1873年築の造船所

果物を積んだ舟

漁家と風車、土手の向こうは海

張り巡らされた運河には舟が浮かぶ

生石灰を作る工場。レンガの煙突が並ぶ

鍛冶屋や籠屋が並ぶ19世紀末から20世紀初頭の街並み

22-3

オランダ

ザーンセ・スカンス
Zaanse Schans

アムステルダムの北西にある野外博物館。ザーンス博物館などの屋内展示以外は無料で、特にゲートがあるわけではなく、自然に村に入るようにアプローチする。ルネサンス風の装飾が付いた保存家屋が町並みのように並んでいて、17〜18世紀のザーン地方の集落を再現している。それぞれ保存家屋の中がベーカリー博物館、オランダ時計博物館などの展示空間や店舗になっている。かつて1000基以上の風車が並んでいたザーン川沿いには、搾油用風車2基、製材用風車2基、マスタード製造用風車1基、染料製造用風車1基の計6基の風車が保存されている。チーズ工場もあり、全体に生きた姿を見せることを重視している。

Schansend 7, 1509 AW Zaandam
アムステルダムの北西約15km
http://www.zaanseschans.nl/

看板建築のようなファサードが並ぶ

1693年築の搾油用風車

ルネサンス風の家。現在は時計博物館

干拓に使われた小型風車

1869年築の製材用の風車。かつてこの地域に200基の製材用風車があった

ロガテク野外博物館
Muzej na prostem Rogatec

クロアチアとの国境近く、ロガテク村にある村営野外博物館は、1982年、旧ユーゴスラビアの時代にオープンした。付属建物を含めて約10棟の民家によって構成されている小規模なものであるが、民家を移築保存する野外博物館としてはスロヴェニア最大である。農家とその周辺、商店、ブドウ園とその周辺の三つのセクションに分かれていて、19世紀末〜20世紀初頭のこの地域の生活空間を保存することを目的としている。農家のセクションにはコゾレツと呼ばれるスロヴェニア特有の乾草小屋、便所と一体化した肥料堆肥場所、豚小屋、養蜂小屋などがあり、実際に蜂を飼っている。また、小さな商店はミュージアムショップであり、博物館の事務室でもある。ブドウ畑とともに再現されているブドウ園のための庭師の家はドブリナ村に実在する家のレプリカであるが、ケータリングによって食事をするスペースとして活用されている。

Ptujska cesta 23 3252 Rogatec
ロガテク駅から北へ約 1.3km
http://www.muzej-rogatec.si/

校倉造の上から土を塗り漆喰で仕上げる

19世紀初頭の民家

1892年築のトウモロコシなど収穫物を乾すための小屋

納屋1階は豚小屋、1950年代築だが古いスタイルを残している

ブドウ畑とブドウ農家

クムロベツ・スタロ・セロ博物館
Staro Selo Museum Kumrovec

クムロベツ村の中心部をそのまま保存、復元したクロアチア唯一の野外博物館。ザグレブ民族学博物館の館長であったマリアナ・グシチによって1947年に計画がスタートし、翌1948年のオープン。博物館には旧ユーゴスラヴィアの大統領であったヨシップ・ブロズ・チトーの生家とその農場が含まれている。1954〜1956年にかけて61の建物を実測調査、1969年にはスタロ・セロ(The old village)として文化財に登録された。1992年からはクロアチア・ザゴリエ博物館の一部として運営している。1.2haのエリアに現在約20棟の民家と水車小屋、家畜小屋などの付属建物が保存されている。村へ続く道の途中に博物館の入口があり、周辺の民家との境界ははっきりしていない。インテリアには多くの民具とともに結婚式の様子など19世紀末から20世紀初頭にかけての生活の様子が再現、展示されている。

"Staro Selo" Museum,
Kumrovec b.b., 49295 Kumrovec Croatia
ザグレブの北西約55km
http://www.mdc.hr/kumrovec/eng/index.html

1929年築の鍛冶屋の家。20世紀後半には鍛冶屋は激減する

典型的なザゴリエ地方の納屋。右が主屋

庭先伝いに巡って行けるような配置になっている

石造の上に校倉造が乗る。1階は反対側から使う納屋

スタロ・セロ・シロゴイノ野外博物館
Музеј на отвореном Старо село Сирогојно

セルビアの山岳地域にある避暑地ウジツェの南西にあるセルビアで唯一の野外博物館。創設は1980年、旧ユーゴスラビアの時代にズラティボルの小屋の移築保存から始まった。企画、ランドスケープデザインは、文化財保存学会と建築家ランコ・フィンドリックによる。村の北部に広がる丘の斜面に付属小屋も含めた農村風景が造られている。ほとんどの民家は斜面と棟が直交する向きに建てられ、その半分は地下室になっている。面積は12ha。付属建物を含めて24棟の移築民家がある。また敷地には移築保存された民家とともに、宿泊できるコテージ7棟とレストランがある。コテージは民家と似たプロポーションではあるがレプリカや紛らわしい偽物ではなく、新たにデザインされている。サマースクールやワークショップなど、子どもの教育のためのプログラムも充実している。

民家園入口には、1764年築のセルビア正教の教会が保存されている。またシロゴイノ村は毛織物の産地でもあり、村には小さな展示施設がある。

МУЗЕЈ НА ОТВОРЕНОМ "СТАРО СЕЛО"
31207 СИРОГОЈНО
ウジツェの南西約20km
http://www.sirogojno.rs/

主屋の倉庫は半分地下に埋まることが多い

土間には炉、部屋の中央には暖炉がある

見張りをする部屋が付いた穀物倉庫

平地が少ない山岳地域

斜面に直交して建つ主屋。入口はつねに東を向く

麦などを入れる穀物倉庫。内部はいくつかに分けられている

26-1

セントファーガンス:国立歴史博物館
St Fagans: National History Museum

ウェールズの州都カーディフ郊外にある民化園。16世紀末のマナーハウスであるファーガンス家の邸宅と土地の寄贈により、1948年ウェールズ民俗博物館としてオープンした。ファーガンス家の庭園が40haの敷地の3分の1を占める。以前は Museum of welsh life という名称だっただけに、ウェールズの生活の再現が主題で、各建物の家具、民具などの内部展示も充実している。再現された鉄器時代のケルト人の村から、18世紀の毛織物工場、2001年のエコハウスまで時代も種類も多様な建物が40棟以上集められていて見応えがある。

Cardiff, CF5 6XB U.K
カーディフの西約 8km
http://www.museumwales.ac.uk/en/stfagans/

1678年築のウエールズ中部の典型的な農家

鉄器時代の家が3棟再現されている

18世紀の鍛冶屋

18世紀末の皮なめしの工場

赤く塗られた家。赤は悪魔除けになるという理由による。
アーツ・アンド・クラフツ運動で有名なウイリアム・モリスの「赤い家」の200年以上前に建てられた

屋根も壁と同じ石で葺かれた豪農の家、1544年築

26-2

イギリス

ウィールド・アンド・ダウンランド野外博物館
Weald and Downland Open Air Museum

ウエストサセックス州の都市チチェスターの郊外、シングルトンのサウスダウンズ国立公園内にある。南東部イングランドで、開発などによって現地保存が不可能になった民家を救うことを目的とする。1967年に企画がスタートし、1970年にオープン。約20haの高低差がある敷地に約50棟移築されていて、19世紀の農耕器具を付けた牛馬による耕作、豚、羊、ガチョウの飼育、林業景観の再現、16世紀～19世紀の庭園の変遷の展示など、ランドスケープは充実していてピクニック気分で楽しめる。またボーンマス大学との連携による建築保存学実習のための部屋があり、教育用の軸組模型や、体験学習など教育を重視している。

Chichester PO18 0EU U.K
チチェスターの北 9km
http://www.wealddown.co.uk/

UNITED KINGDOM

17世紀半ばに建てられた小作人か職人の家

畑には各種の作物が作られ、多くの家畜が飼われている

1609年築の農家

民家は森の中に点在している

かつて各地に存在した市場のホール。15～16世紀のスタイルで、多くは19世紀までに取り壊された

小さな広場を囲んで15～16世紀のハーフティンバーが並ぶ

26-3

エイボンクロフト歴史建築博物館
Avoncroft Museum of Historic buildings

バーミンガムの衛星都市ブロームスグローブにある小規模な野外博物館。1963年、15世紀の商家の移築先を探すことをきっかけにスタートし、1967年にオープン。27棟の民家を保存する。約6haの敷地は平坦だが、庭園、農地などが整備され、家畜も飼育されている。32個の歴代電話ボックスと電話交換機や、第二次大戦後の復興のために量産された1946年の初期プレファブ住宅、波型鉄板張りの教会など20世紀の建築、近過去の展示が充実しているところが興味深い。

Stoke Heath, Bromsgrove, B60 4JR U.K
バーミンガムの南西24km
http://www.avoncroft.org.uk/

1891年築、外壁の波型鉄板は19世紀初めイギリスとその植民地で広まった

1476年築、現在ミュージアムショップになっている

1822年築の通行税の徴収事務所

26-4

チルターン野外博物館
Chiltern Open Air Museum

ロンドンの北西部チャルフォントラティメールの郊外にある博物館。18haの敷地には森や19世紀の姿を再現した農場があり、かつてのチルターン丘陵の生活を保存している。1976年のオープン。約30棟の民家は、多くが1990年代以降に移築されたもの。鉄器時代の家の復元もあるが、第一次大戦中に造られたかまぼこ型の小屋や、1946年のプレファブ住宅、1886年の初期波型鉄板による外装の教会があり、これら近過去の建築は他のイギリスの民家園でもよく見らる。

Chalfont St.Giles,Buckinghamshire HP84AB
ロンドンの北西約40km
http://www.coam.org.uk/

16世紀の邸宅。図書室と事務所として使われている

納屋として建てられ後に労働者の住宅に改造されたその過程も見せている

18世紀の納屋。現在は教育センターの教室になっている

バンラティ城民俗公園
Bunratty Castle & Folkpark

1959年、シャノンの国際空港の滑走路増設の際、その予定地にある民家を移築保存したのが始まり。約10haの敷地は15世紀創建のバンラティ城に隣接していて、城の修復とともに野外博物館として整備された。ほとんどが石造建築だが、分解して移築されている。全体として19世紀初頭の状態で再現されている。農村のゾーンは、低い石垣で仕切られた敷地に背の低い草葺き屋根が並ぶ。街のゾーンでは小学校、雑貨屋、印刷屋、パブ、郵便局などが街並みを形成している。1824年築の石造教会も移築されている。膨大な数の農機具を集めたタルボットコレクションが1976年にここに移管された。

Bunratty, Co. Clare Ireland
リムリックの西約18km、シャノン国際空港の東約10km
http://www.shannonheritage.com/Attractions/BunrattyCastleandFolkPark/

商店街。一番左は1900年頃の金物屋

空港の滑走路予定地から移築され民家園開設のきっかけになった民家

アイルランドで初めてアイスクリームを売ったヘイゼルブロックハウス

1824年築、アードクロニーで1986年まで現役だった教会

19世紀には一般的だった製粉用の水車

28-1

オールド・スターブリッジ・ビレッジ
Old Sturbridge Village

1790〜1840年のニューイングランドの農村の生活様式を体験させる施設。個人的なコレクションを母体にしていて、1946年のオープン。クウェーカー教徒のミーティングハウス(クエーカー教では教会とは呼ばない)の前に広がる芝生の広場、コモングリーンを中心とした街並みを構成、その外側に農場のゾーンや水車のゾーンが配置されている。町のゾーンには銀行、タバーン(レストラン)、鍛冶屋、ブリキ屋、狭いのに床が斜めになっている学校などが並ぶ。また、タウンポンドという迷子の家畜を一時的に預かる場所や、当時栽培されていたハーブを集めた庭園もある。園内では駅馬車やコスチュームスタッフが行き来していて、スタッフは歴史の通訳と呼ばれ、各建物で解説や体験学習の指導をしている。子どもたちの教育に熱心で、多様なプログラムが同時に行われている。個人で所有する銃の変遷を、まるで民具のように展示するコーナーがあるのがアメリカ的である。

1 Old Sturbridge Village Road Sturbridge MA
ボストンの西約95km
http://www.osv.org/

アメリカ合衆国

19世紀初頭の農村風景。多くの家畜を飼っている

19世紀初頭の村の学校

19世紀末の家
子どもの体験学習の場に使われている

1835年築のトンプソン銀行
ファサードは木造、後ろはレンガ造

1938年築、二つの臼を持つ大型製粉用水車

クエーカー教徒のミーティングハウス、1840年築

28-2

アメリカ合衆国

グリーンフィールド・ビレッジ
Greenfield Village

　自動車産業の町であるデトロイトの郊外、ヘンリー・フォードの生家の近く、ディアボーンにある、ザ・ヘンリー・フォードという複合施設の中のひとつ。1929年、ヘンリー・フォード自身が設立した。105haの広大な敷地に100棟以上の建物が集められている。エジソンやライト兄弟、ケチャップで有名なハインツ、辞書で有名なウエブスターなどの生家または住んでいた家がコレクションされていて、建築様式史的な視点というよりは、アメリカ文化を築いた著名人の歴史という視点が強い。美しく整備されたT型フォードが園内を走り回り、デトロイト、トレド＆ミルウォーキー鉄道の蒸気機関車が園内を一周し、駅や扇形機関庫とともに展示されている。また工場や研究所の移築も多く、技術史の展示も意識されている。コスチュームスタッフが歩き回り、解説し、また昔の用具を使っての野球の試合など、エンターテインメント性を重視している。

　隣接するヘンリー・フォード博物館はアメリカ産業技術の博物館で、工場を再生した巨大な空間に歴代大統領専用車、飛行機、家具や照明器具、ストーブからエレキギターまで豊富なコレクションがある。

20900 Oakwood Blvd. Dearborn, MI 48124-5029
デトロイトの西約15km
http://www.hfmgv.org/village/

園内はT型フォードで巡ることができる。右は1870年築のサラ・ジョーダンの寄宿舎

マーサ&メアリー教会。1929年築、移築ではなく創設時にここに建てられた

1835年築、詩人ロバートフロストの家

1854年築、ケチャップで有名なハインツの家

28-3

プリマス・プランテーション
Plimoth Plantation

プリマスとは探検船や遠洋漁船を出していた西南イングランドの会社名で、開拓に適したニューイングランドのこの土地をプリマスと名づけた。移築保存ではなくすべて再建という点では本書の定義から外れるが、特殊な例なのでここにあげる。1620年、メイフラワー号でイギリスから渡ってきた人々が築いた集落を再現している。塀で囲まれた菱形の土地の中心に道があり、斜面に沿って家と畑が並んでいる。民家は下見板張りに草葺きが基本で、内部は土間の一室住居がほとんどである。少し離れたところには原住民ワンパノアグの集落を再現している。パンフレットの中で、ここで働く人々を、コスチュームスタッフではなくロールプレイヤーと呼んでいることが、この施設の性格を表している。当時の衣装を着て、当時の言葉で話して、塀の中には解説板やサイン、ごみ箱も置かれず、彼らは本当にここで生活しているのではないかと錯覚させるほど徹底した演出をしている。近くには1957年に再建され、実際に大西洋を横断したメイフラワーIIが展示されている。

137 Warren Avenue Plymouth, MA 02360
ボストンの南東約70km
http://www.plimoth.org/

スタッフは当時の英語で会話している

農作業から行事まで徹底して当時の生活を演じている

ヨーロッパ人が来るまでこの周辺を支配していた大部族ワンパノアグの家、建築中の姿

ワンパノアグの子孫もスタッフとして働いている

入植者たちが生活していた塀に囲まれた集落を再現している

29-I

アッパー・カナダ・ビレッジ
Upper Canada Village

オンタリオ州東部、セントローレンス川沿いにあり、約24haに40棟以上の建物が集められている。1954年に開始したコーンウォールの電源ダム建設によって水没する村からの移築がきっかけで、1961年のオープン。1860年代の生活の再現を目標としている。入口近くに水車のゾーンがあり、19世紀の製材所では原木を馬が引くトロッコで運び、水力による鋸で板に加工している。製材所は開拓者の村で最初に建てられる施設のひとつである。紡績や粉ひきなど他の水車とともに池に面して建っている。ここの最大の特徴はスタッフの立ち居振る舞いで、見学者に説明をするためのパフォーマンスではなく実際に操業しているかのように見える。鍛冶屋、ブリキ屋、印刷屋、ほうき製造、家具屋など、多くの店舗で実際に製造していて、チーズ、毛織物、パンなどは、園内の売店で購入できる。園内を馬車が巡回し、運河では馬が引く舟に乗ることができる。ウィラードホテルでは19世紀のメニューを再現している。1837年築の教会は、解体することなく、塔がついたままトラックで運ばれてきたという。

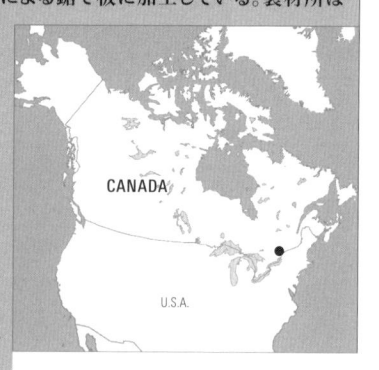

13740 County Road 2 Morrisburg ON K0C 1X0
モントリオールの南西約130km
http://www.uppercanadavillage.com/

運河の舟着き場。のどかな農村の景観が再現されている

1795年築のウィラードホテル。現在レストランになっている

1837年築の教会。洪水の被害を受けたモーリネット村から移築されてきた

29-2

ブラッククリーク・パイオニア・ビレッジ
Black Creek Pioneer Village

オンタリオ州南部トロント郊外にあり、1957年に企画がスタート、1960年のオープン。1790～1860年のイギリス系カナダ人の生活を再現している。面積約12ha、緑豊かな集落がコンパクトに配置されている。全体に子どもへの教育が大きなテーマになっていて、ビジターセンターには団体で来る小学生に対応する施設があり、サマーキャンプなどの体験プログラムも充実している。子どもたちは、昔の衣装を着て話を聞いたり体験したりする。中央部は1816～32年に建てられたダニエル・ストング農場の建物が中心となっている。入口近くのブリキ屋の2階はフリーメイソンのロッジになっていて、その儀式に使う用具一式が展示されている。コスチュームスタッフが各民家で解説をしてくれる。宿でありレストランであったハーフウェィハウスは、1階は当時の状態に復元されていて、地下にレストランが設けられている。奥には石造の大きな水車がある。また1830年代に飼育されていたというバークシャー種の豚などの家畜を飼っている。

1000 Murray Ross Parkway Toronto Ontario M3J 2P3
トロントの北西約20km
http://www.blackcreek.ca/

1825年築、穀物倉庫

1階はブリキ屋、2階はフリーメーソンのロッジ

1830年築、医者の家

1858年築、村役場

1842年築、アメリアズバーグの製粉用水車

1849年築、スカボローの宿。現在レストランになっている

ムアン・ボラン
เมืองโบราณ

バンコク郊外にある320haの敷地をもつ広大な野外博物館。敷地の形状はタイの国土の形をしている。タイ全土からの移築とレプリカが合計116棟あるが、民家だけでなく宗教建築も数多く移されていて涅槃仏まである。紀元前の遺跡の一部から北部少数民族の民家まで、時代、地域ともに対象はとても幅広く、さまざまな建築が集められていて見応えがある。一部の建物は実物より縮小して再現されている。敷地全体に水路がはりめぐらされていて、水上集落も再現されている。

33 old Sukhumvit Road Bangpoo Thailand,
ถนน Bangpoo 33 เก่าสุขุมวิท
バンコクの南東約35km
http://www.ancientcity.com/

水上マーケットが再現されている

廟、仏教寺院、キリスト教会、モスクなど宗教施設も水上に建つ

東北部ランチャン様式の経蔵

高床式で中庭をはさんで棟が並ぶ

舟着き場には気持ちよい屋根がかかる

タイ東北部に住む少数民族ラーオ族の民家

31-1

シマニンド・フタ・ボロン博物館
Musem Huta Bolon Simanindo

スマトラ島北部のトバ湖に浮かぶサモシル島の北端にシマニンド村がある。舟着き場の近くにトバ・バタックの民家が保存されている。1969年のオープン。敷地は土塁で囲まれていて、居住する建物と、穀倉など収納のための建物が向かい合って平行に並んでいる。住居は太い貫を通した高床で、床下は家畜のためのスペースになっている。屋根はサトウヤシの繊維で葺かれ、破風には繊細な彫刻、彩色が施されている。

博物館周辺には現在でも実際に生活している民家があり、同様なプロポーションの家も多く残っているが、それらの屋根はほとんどが鉄板葺きになっている。博物館入口には舟が保存されている。

Desa Simanindo, Kelurahan Simanindo,
Kabupaten Samosir, Sumatera Utara
メダンの南約15km
http://www.museumhutabolonsimanindo.blogspot.com/

屋根はサトウヤシで葺かれている

トンネルをくぐってアプローチ

右端は米つきの家、隣は米倉

王の家。主屋と米倉が平行して並ぶのがトバの集落の特徴

31-2

プマタン・プルバ
Pematang Purba

スマトラ島中部にあるトバ湖の北岸にある。プマタン・プルバとは王の土地という意味。約1haの敷地に点在するシマルングン・バタック族の王家の住居群。王家の子孫一族が政府の援助のもとで運営している。中央の長い建物は王が24人の妻とともに暮らす家。王の居室と隣接する妻たちの居室は、屋根は一体だが脚元の構造が異なる。24人の妻たちが同時に米をつける家など、多くの付属施設とともに一大コンプレックスを構成している。

Pematang Ancient Villages,
District Simalungun North Sumatra
メダンの南約140km
http://www.asiaexplorers.com/indonesia/
pematang_purba.htm

右は王の部屋、左は24人の妻たちの部屋

棟の先端に付く装飾は水牛の頭

妻たちの部屋の床下

8棟で構成される15世紀以来の王宮

現在残っているのは1864年築で、12代目の王による建築

米つきの家
24人の妻たちが一緒に使う

ヴェトナム民族学博物館
Bảo tàng Dân tộc học Việt Nam

ハノイ郊外にある大きな博物館。全土から約1万5000点の民具を集め、ヴェトナムに住む54の民族の暮らしを展示する。1987年に企画がスタート、1997年にオープン。野外博物館ではなく屋内展示がメインの民族学博物館の屋外展示という扱いだが、ロングハウスやタイ族、フモン族、チャム族など、構造も形態もバラエティ豊かな民家10棟を展示している。これらは移築したものだけではなく、現地の職人を呼んでオリジナルと同じものを造らせたものもあり、今でも民家を造る技術が残っていることを示している。

Nguyen Van Huyen St, Cau Giay, Hanoi Vit Nam
ハノイ中心部の北西約8km
http://www.vme.org.vn/vietnam/

エデ族の長い家

上の家の入口。エデ族は母系社会で娘の家族たちが一緒に住む

北部コントゥム省の男性専用の集会場、高さ19mに達する

中部ザライ省の墓。妊娠や出産を象徴する木彫が並ぶ

中華民族園

中华民族园

北京のオリンピック公園内に国立の博物館として1992年に起工、1994年に北半分がオープン、2001年に南半分がオープンして完成した。建設にあたっては海外の華僑が多くの資金を提供している。現在は北京中華民族園有限公司が運営している。面積約50haに約200棟という広大な施設。漢民族と少数民族合わせて56の民族の住居と生活の展示をしている。地方別ではなく民族単位でゾーンが構成されている。少数民族の中には台湾の高山族が含まれていて、台湾も中国の一部という主張が見える。各民家はほとんど移築ではなく復元だが、現地の材料を使用し、現地の大工が建てているものが多い。民家を造ってきた技術が今も生きていることを意味し、かなり正確に復元されているものもあるが、大型の建築は一部にコンクリートを併用している。解説や販売、あるいは歌や舞踊などにあたる人はそれぞれ少数民族の人が担当し、その数は800人に達する。民族独自の軽食を提供する店が数カ所ある。

北京市朝陽区民族園路1号
北京中央駅の北約11km
http://www.emuseum.org.cn/

ウイグル族の民家。地理上の位置と同じで一番奥にある

アチャン族の民家

チベット族の民家。ゾーンは広く賑わっている

サラール族の民家

トン族の橋。敷地周囲には高層ビルが多い

189

ブイ族の民家。後のビルがとても現代中国的造形

34-1

台湾原住民族文化園区
臺灣原住民族文化園區

台湾には、17世紀に福建人が移住する以前から住む原住民族が人口の約2％いる。国として認定している14の原住民族の生活文化を保存する博物館として1987年にオープン。敷地は約82ha。屋内展示やステージなどが充実している。ホテルや会議室、図書室、研究室などもあり、衣食住や舞踊など生活文化を総合的に学習できる教育施設になっている。民家を展示する二つのエリアと、屋内展示やサービスセンターのエリア、円形劇場や野外ステージと飲食施設のエリアの四つに分けられている。

民家は民族ごとに集められていて、わかりやすい解説がついている。敷地の標高は145～220mで、山の中腹に配置されているが、集落の配置を再現しているわけではない。屋根、壁に天然スレートを使用したブヌン族、ルカイ族、パイワン族の民家、地面を掘り下げた低い空間をもつヤミ族の民家、竹を使ったプユマ族の民家など、その構造も材料もバリエーションは豊富である。各エリアの移動には無料のバスが循環している。博物館の敷地周辺は、現在もパイワン族やルカイ族が住む地域である。

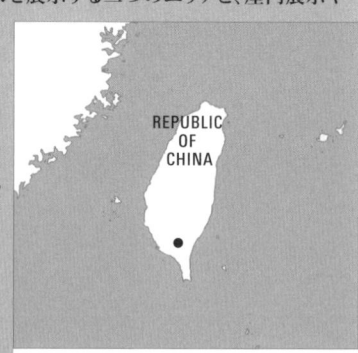

屏東県瑪家郷北葉村風景 104 号
屏東駅から東へ 24 km
http://www.tacp.gov.tw/

ルカイ族の村長の家。中央部は石板を立てて壁にしている

アタヤル族の望楼。防御のために集落の入口に建てられた

1940年築のパイワン族の家

1937年築、ヤミ族の家。石垣で囲まれている

プユマ族の少年の集会所。超高床建築

サイシャット族の竹で造られた牛舎

台湾民俗村
台灣民俗村

台湾中部の都市、彰化の近くにある大きな野外博物館。広大な駐車場があり、遊園地、プールやキャンプサイトなどを併設したレジャーランドになっている。11棟の移築建物の他、数棟の復元建物がある。

巨大なゲートを入るとすぐ竹の柱梁で造られた復元による三合院がある。中央には大きなステージがある。各民家は生活状態の展示というより、麺打ちや紙漉きなど伝統技術の展示を主にしている。また新北投火車站の駅舎など、日本の占領時の建築が3棟移築されている。

503 彰化県花壇郷三芬路 30 號
花壇駅から東へ 6 km
http://www.themeparks.net.tw/eng/park/park13/index.asp

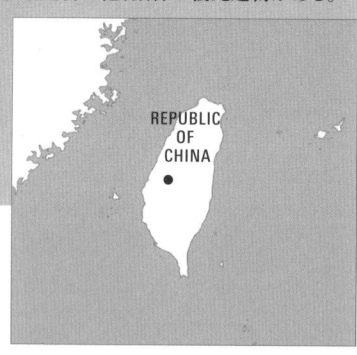

斗六一條龍

柱も梁も竹で造られた家

嘉義一條龍。福建省型で柱が青く塗られている

麻豆古厝。1877年築の大邸宅

日本占領時代の駅舎、新北投火車站

韓国民俗村
한국민속촌

1960年代、経済発展の中で、伝統的な生活様式を保存するために民俗博物館の設立への意識が高まり、1970年代のセマウル運動をきっかけとし、観光産業の振興という流れの中で1973年に建設が始まり、1974年にオープンした。その後拡張を続け、現在約73haの敷地に韓国全土から280棟以上の民家が移築保存されている。1996年には屋内展示の民俗館がオープンしている。山に囲まれた土地の中に小川が流れ、その配置も伝統的なランドスケープの考え方「配山臨水」に従っている。各民家には民具や食器などが豊富に配置されていて、留守宅をのぞいているようなリアリティがある。また民俗舞踊、音楽、工芸など、伝統的生活を見せるアトラクションも充実している。

ソウル中心部の南約35km、水原の東約10km
京畿道 龍仁市 器興区 甫羅洞107
大韓民国 경기도 용인시 기흥구 보라동 107
http://www.koreanfolk.co.kr/

中部山村地域の養蜂をしていた民家

南部の民家。柳工芸職人の家

中部の民家。19世紀の様式

北部の民家のオンドル部屋

南部の邸宅。4棟が中庭を囲む

建物は谷に沿っていて川の両側に配置されている

35-2

南山韓屋村
남산골한옥마을

ソウルの南部にある山、南山の北麓、筆洞地域は朝鮮王朝時代の避暑地で、現在公園として整備されている。その一角に、伝統音楽専用のホールである南山国楽堂と共に南山韓屋村がある。敷地面積約7900㎡、1998年のオープン。19世紀半ばから20世紀初頭に建てられた邸宅5軒がソウル市内各地から集められている。これら上流階級の邸宅はそれぞれ数棟で構成される大規模なもので、内1軒は移築ではなく再現、また1軒は一般住宅ではなく祭祀を行うための斎室である。旧正月など季節の民俗行事が数多く実演されている。

大韓民国 ソウル特別市中区筆洞2街84番地
서울시 중구 필동2가 84
ソウル駅の東約2km
http://hanokmaeul.seoul.go.kr/

1860年代築の大邸宅

1890年代築、オンドル部屋

多数の棟で構成される最上流層家屋

1910年代の家だが移築ではなく再建

35-3

済州民俗村博物館
제주민속촌박물관

済州島南部、約16haの敷地に民家やその付属建物など117棟が移築されている。石垣や門など、周囲の環境も造られていて、1890年代の済州島の姿を再現している。ハンラ山を中心に、標高によって生活様式が異なる村や多様な民間信仰が見られる村など、山村、中山間村、漁村、巫俗信仰村、官庁街のゾーンに分かれていて、歩きながら済州島ならではの生活風俗を体験できる。漁具、農具などの民俗資料約8000点のコレクションを持ち、屋内展示施設がある。

大韓民国済州特別自治道西帰浦市表善面表善里40-1、
제주특별자치도 서귀포시 표선면 표선리 40-1
チェジュ市の南東約34km
http://www.jejufolk.com/

先祖の祭祀を行った19世紀の家

山村地域の民家

庇の角度を変えられるようになっている

中部山間地域の民家

川崎市立日本民家園
Japan Open-Air Folk House Museum

日本初の民家園は大阪の日本民家集落博物館だが、本書のタイトルにある民家園という名称は川崎市立日本民家園で最初に使われたもの。生田緑地公園内の高低差がある丘陵地、約3haの敷地に25棟移築されている。そのうち18棟は重要文化財に指定されている。地元川崎市の民家が横浜市の三渓園に寄贈されそうになったのを、なんとか地元で保存しようとしたことがきっかけで構想がスタート。1967年にオープンした。宿場、信越の村、神奈川の村、関東の村、東北の村の各ゾーンに加えて歌舞伎の回り舞台がある。

神奈川県川崎市多摩区枡形 7-1-1
向ヶ丘遊園駅の南約 1 km、東京駅の西約 22 km
http://www.city.kawasaki.jp/88/88minka/home/minka.htm

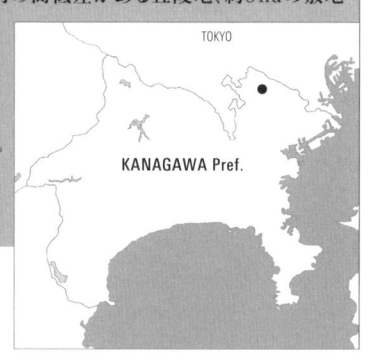

長野県伊那市の板葺屋根の民家

17世紀末の山梨県の民家。切妻で軒が低い

19世紀末の沖永良部島の高倉

18世紀初期の富山県五箇山の合掌造

17世紀末〜18世紀初頭の地元川崎市麻生区の民家。この家が日本民家園設立のきっかけになった

みちのく民俗村
Michinoku Folklore Village

北上市の南、北上川東岸の市立公園、展勝地のゆるやかな斜面にある。1973年に北上市立博物館がオープン、博物館に菅野家住宅を移築保存したことから企画が始まる。隣接する民家園の工事に着手したのは1983年。1992年にオープン、7haの敷地に29棟保存されている。敷地は伊達藩と南部藩の藩境にあたり、両地域の特徴ある民家を集め、藩境の番所も置かれている。谷沿いに農家が並び、その配置は植栽とともによく考えられている。広くはないが水田もあり、日本の民家園の中では最もランドスケープデザインが意識されている。

岩手県北上市立花14-59
北上駅の南東約2km
http://www.city.kitakami.iwate.jp/sub03/
shisetsu/shisetsu02/page_1285.html

江戸時代中期、遠野の曲屋と水田

江戸時代末期、江刺の商家

1728年築、北上の民家。この家が設立のきっかけになった

江戸時代中期、葉タバコ栽培農家

江戸時代中期、家老の家

年表

オープン年		名称	国名
1891	01-1	スカンセン	スウェーデン
1892	01-3	クルトゥーレン	スウェーデン
1893			
1894	02-2	ノルウェー民俗博物館	ノルウェー
1895			
1896			
1897			
1898			
1899	01-2	レークサンド・ヘンビグスゴーダル	スウェーデン
1900			
1901	03-1	フリランスムセー	デンマーク
1902			
1903			
1904	02-1	マイハウゲン	ノルウェー
1905			
1906			
1907			
1908	17-6	シュペッケンビュッテル野外民俗博物館	ドイツ
1909	03-3	デン・ガムレ・ビイ	デンマーク
1910			
1911			
1912			
1913	04	セウラサーリ野外博物館	フィンランド
1914	02-3	トロンデラーグ民俗博物館	ノルウェー
1915			
1916			
1917			
1918	22-1	オランダ野外博物館	オランダ
1919			
1920			
1921			
1922			
1923			
1924			
1925	08-4	コローメンスコエ	ロシア
	15-2	ロジノフ・ポド・ラドホステム・ヴァラキア野外博物館	チェコ
1926			
1927			
1928			
1929	28-2	グリーンフィールド・ビレッジ	アメリカ合衆国
1930			
1931			
1932	06	ラトヴィア野外民族博物館	ラトヴィア
1933			
1934			
1935			
1936	11-2	村落博物館	ルーマニア
	17-9	クロッペンブルグ博物館村	ドイツ
1937			
1938			
1939			
1940			
1941			
1942			
1943			
1944			
1945			
1946	28-1	オールド・スターブリッジ・ビレッジ	アメリカ合衆国
1947	28-3	プリマス・プランテーション	アメリカ合衆国
1948	24	クムロベツ・スタロ・セロ博物館	クロアチア
	26-1	セントファーガンス：国立歴史博物館	イギリス
1949	02-5	ガムレ・ベルゲン	ノルウェー
1950			
1951			
1952			
1953			
1954			
1955	13-7	ズブルツァゴルナ・オラヴァ民族公園	ポーランド
1956			
1957			
1958	21-1	ボックレイク野外博物館	ベルギー
1959	27	バンラティ城民俗公園	アイルランド
1960	08-1	キジ歴史建築民族博物館	ロシア
	08-3	スーズダリ木造建築・農村生活博物館	ロシア
	29-2	ブラッククリーク・パイオニア・ビレッジ	カナダ

オープン年		名称	国名	オープン年		名称	国名
1961	17-5	コメルン・ライン野外博物館	ドイツ	1978	19	バレンベルグ野外博物館	スイス
	17-7	ミュンスター・ミューレンホフ野外博物館	ドイツ	1979	13-3	ルブリン野外博物館	ポーランド
	29-1	アッパー・カナダ・ビレッジ	カナダ	1980	08-5	建築民族博物館タリツィ	ロシア
1962					25	スタロ・セロ・シロゴイノ野外博物館	セルビア
1963				1981	11-3	シゲットマルマツィエイ・マラムレシュ博物館	ルーマニア
1964	05	エストニア野外博物館	エストニア				
	12	エタル民族建築公園	ブルガリア	1982	23	ロガテク野外博物館	スロヴェニア
	17-8	フォグツバウエンホフ・シュヴァルツヴァルト野外博物館	ドイツ	1983	22-2	エンクハイゼン・ゾイデルゼー博物館	オランダ
				1984	11-4	バイア・マーレ民族と民俗芸術の博物館	ルーマニア
1965	17-3	シュレスヴィヒホルシュタイン野外博物館	ドイツ		18-1	グロースグマイン・ザルツブルグ野外博物館	オーストリア
1966	10	ジョルジ・チタイア野外民族博物館	グルジア				
	13-1	サノク民俗建築博物館	ポーランド		20-1	アルザス・エコミュゼー	フランス
1967	08-2	ヴィタスラヴェイツィ木造建築博物館	ロシア	1985	14-4	ルボヴナ野外民族博物館	スロヴァキア
	11-1	アストラ伝統民俗文化博物館	ルーマニア	1986			
	14-1	マルティン・スロヴァキア村博物館	スロヴァキア	1987	35-1	台湾原住民族文化園区	台湾
	26-3	エイボンクロフト歴史建築博物館	イギリス	1988			
	36-1	川崎市立日本民家園	日本	1989			
1968				1990			
1969	13-4	ノヴィソンチ・ソンデスキ民族公園	ポーランド	1991	14-3	プリビリナ・リプトフ村博物館	スロヴァキア
	31-1	シマニンド・フタ・ボロン博物館	インドネシア	1992	36-2	みちのく民俗村	日本
1970	18-3	ステュービング・オーストリア野外博物館	オーストリア	1993			
	20-2	グランドランド・エコミュゼー・マルケーズ	フランス	1994			
	26-2	ウィールド・アンド・ダウンランド野外博物館	イギリス	1995			
				1996			
1971	17-1	デトモルト野外博物館	ドイツ	1997	32	ヴェトナム民族学博物館	ヴェトナム
	21-1	ワロン農村生活博物館	ベルギー	1998	34-2	南山韓屋村	大韓民国
1972	09-2	リビウ民俗建築と生活の博物館	ウクライナ	1999			
	16	スカンセン・センテンドレ野外博物館	ハンガリー	2000			
1973	13-5	リボビエッツ城ヴィスワ民族公園	ポーランド	2001	33	中華民族園	中華人民共和国
1974	07	リトアニア民俗生活博物館	リトアニア	2002			
	17-2	ヘッセンパーク野外博物館	ドイツ	2003			
	17-4	バエリッシャー・ヴァルト博物館村	ドイツ	2004			
	18-2	チロル農村博物館	オーストリア	2005			
	34-1	韓国民俗村	大韓民国	2006			
1975	13-2	ホジュフ・ゴルノシュロンスキ民族公園	ポーランド	2007			
	14-2	オラヴァ村博物館	スロヴァキア	2008			
1976	09-1	キエフ民俗建築と生活の博物館	ウクライナ	2009			
	26-4	チルターン野外博物館	イギリス	2010			
1977				2011			

203

世界の民家園比較グラフ

敷地面積と棟数の関係が特徴的なものを中心にして比較してみる。面積のわりに棟数が突出しているのは11-2ブカレストの村落博物館(ルーマニア)で、実際、住宅展示場のように並んでいるが、短時間で多様な民家を見ることができる楽しめる博物館である。棟数に対して面積が突出しているのが07リトアニア民俗生活博物館で、民家園というより村を巡っているようなスケールで配置されている。09-1キエフ民俗建築と生活の博物館(ウクライナ)と11-1アストラ伝統民俗文化博物館(ルーマニア)は面積、棟数ともに巨大な民家園で、1日いても見切れないほどの規模である。29-1アッパー・カナダ・ビレッジは規模として大きな方ではないが、演出が充実していて、プロデュースがうまい民家園と言えよう。35-1韓国民俗村は韓国の民家の特徴としてひとつの家が複数棟で構成されていたり、付属建物が多かったりするため合計の棟数が多くなっている。小屋など小規模な付属建物をどこまでカウントするかは民家園によって異なっているので、グラフはあくまで目安と考えていただきたい。また周囲に山林がある場合、敷地面積に含まれているので、実際に歩いたときに実感する広さとは異なることもある。最後に、本書ではとりあげなかったが、江戸東京たてもの園、北海道開拓の村、また民家を中心としてはいないが、同様な野外博物館の参考例として博物館明治村のデータを加えた。

ラトヴィア野外民族博物館(p.70)

		面積(ha)	棟数(棟)
01-1	スカンセン(スウェーデン)	30	150
02-1	マイハウゲン(ノルウェー)	37	200
02-2	ノルウェー民俗博物館(ノルウェー)	14	155
06	ラトヴィア野外民族博物館(ラトヴィア)	88	118
07	リトアニア民俗生活博物館(リトアニア)	195	140
09-1	キエフ民俗建築と生活の博物館(ウクライナ)	150	300
11-1	アストラ伝統民俗文化博物館(ルーマニア)	96	346
11-2	村落博物館(ルーマニア)	16	300
13-1	サノク民俗建築博物館(ポーランド)	38	100
14-1	マルティン・スロヴァキア村博物館(スロヴァキア)	16	143
17-1	デトモルト野外博物館(ドイツ)	90	100
18-3	ステュービング・オーストリア野外博物館(オーストリア)	60	97
19	バレンベルグ野外博物館(スイス)	66	100
21-1	ボックレイク野外博物館(ベルギー)	95	115
22-1	オランダ野外博物館(オランダ)	44	80
26-1	セントファーガンス:国立歴史博物館(イギリス)	40	40
28-2	グリーンフィールド・ビレッジ(アメリカ)	105	100
29-1	アッパー・カナダ・ビレッジ(カナダ)	24	40
33	中華民族園(中華人民共和国)	50	200
35-1	韓国民俗村(大韓民国)	73	280
36-1	川崎市立日本民家園(日本)	3	25
36-2	みちのく民俗村(日本)	7	29
参考	江戸東京たてもの園(日本)	7	29
参考	北海道開拓の村(日本)	54	52
参考	博物館明治村(日本)	100	67

■ 面積(ha)
■ 棟数(棟)

206

あとがき

1980年代から海外の民家園に興味を持ち、訪問していたのですが、2000年に杉本尚次先生の著書「世界の野外博物館 環境との共生をめざして」(学芸出版社)を手にして以来、その奥深さにはまり、それ以降、民家園探訪を主な目的とする旅行をするようになりました。本書に記載しているデータは、各民家園が発行する書籍やパンフレット、またオフィシャルサイトの情報を基にしています。数百ページにわたる立派な本を出しているところもあれば、規模は大きいのにモノクロのパンフレット1枚というところもあります。どのような本を出しているか、どのような説明をしているかもまた生活文化に対する姿勢が見えて興味深いものです。また施設の名称は、その民家園の方向性を示すことにもなるのですが、現地名と英語名で意味が異なっているケースもあります。さらに経営母体が変わることによって名称が変わったり、複数の名称があったりして、正式名称を特定するだけでも難航しました。本書では現地語による現地名を記載し、その直訳的な日本名を記しました。民族と民俗は日本語でも混同されることが多い言葉ですが、名称にも両方あり、現地名をそのまま日本語にしています。

不便な土地にあることが多いのですが、旅行に行かれた際はぜひ民家園を訪問していただきたいと思います。また日本の民家園のさらなる充実を願っております。

棟数や面積などの数値は毎年増加しますし、オフィシャルサイトのアドレスも変わる可能性が大きいと思います。間違いや最新の変化などがありましたら、お知らせいただけると幸いです。

2012年6月　岸本 章

岸本 章
きしもと あきら

多摩美術大学環境デザイン学科教授
建築家
岸本章設計所主宰

1956年
東京都生まれ
1979年
多摩美術大学美術学部建築科卒業
1982年
東京藝術大学美術学部大学院修士課程修了
1982年〜85年
山下和正建築研究所
1986年〜
岸本章設計所

『古レールの駅デザイン図鑑』(鹿島出版会、2009年)
『日本の生活環境文化大事典』(柏書房、2010年 共編著)

日本民俗建築学会理事
日本建築学会会員
道具学会会員

ホームページ
環境デザインマニアック
http://www.tamabi.ac.jp/kankyou/kishimoto

世界の民家園
移築保存型野外博物館のデザイン

発行:2012年6月10日 第1刷発行

著者:岸本 章
発行者:鹿島光一
発行所:鹿島出版会
〒104-0028
東京都中央区八重洲2丁目5番14号
電話:03-6202-5200
振替 00160-2-180883
デザイン:松谷 剛
印刷・製本:壮光舎印刷

© Akira Kishimoto 2012
ISBN978-4-306-04575-0 C3052
Printed in Japan
無断転載を禁じます。
落丁・乱丁本はお取替えいたします。

本書の内容に関するご意見・ご感想は
下記までお寄せください。
http://www.kajima-publishing.co.jp
E-mail: info@kajima-publishing.co.jp